Jaque a la Dama

Colección Autores Españoles
e Hispanoamericanos

Jesús Fernández Santos
Jaque a la Dama

Novela

Premio Editorial Planeta
1982

Planeta

COLECCIÓN AUTORES ESPAÑOLES
E HISPANOAMERICANOS
Dirección: Rafael Borràs Betriu
Consejo de Redacción: María Teresa Arbó, Marcel Plans, Carlos Pujol
y Xavier Vilaró

© Jesús Fernández Santos, 1982
Editorial Planeta, S. A., Córcega, 273-277, Barcelona-8 (España)

Diseño colección, sobrecubierta y foto de Hans Romberg (realización de
Jordi Royo)

Primera edición: noviembre de 1982

Depósito legal: B. 35981 - 1982

ISBN 84-320-5552-2 encuadernación
ISBN 84-320-6530-7 rústica

Printed in Spain - Impreso en España

Impreso y encuadernado por Printer industria gráfica sa
Provenza, 388, Barcelona-Sant Vicenç dels Horts, 1982

Primera parte

I

LA MUJER DESNUDA en la penumbra del cuarto miraba a las muchachas asustadas. Más que susto era asombro lo que sus ojos revelaban viéndola tendida sobre aquel diván de tonos azulados. Sus pechos erguidos, su mirar profundo, aquel sendero cárdeno camino de su vientre, rematado por un leve y oscuro triángulo, hacían vacilar sus ojos obligándolas a desviarlos para, al final, volver a ella.

—¿Y es así como te va a retratar? —preguntó la pequeña a la mayor de las tres.

—No, mujer. A mí sólo va a pintarme la cabeza.

—Menos mal, porque no sé dónde lo ibas a poner.

—¿Y de dónde saca estas mujeres que pinta? —preguntó a su vez la mediana.

—Se las trae de Madrid.

—Eso me parecía a mí. Aquí no las encuentra.

—Ese amigo tuyo —continuó la pequeña lanzando una mirada en torno— me parece a mí un poco raro.

—No, de veras. Al contrario, es bien simpático.

—Lo que pasa es que a ti te gusta un rato.

—Es amigo de casa y nada más. De mi padre, sobre todo.

—Ya lo creo. Hasta os deja la llave.

7

—Tendrá otra —susurró a media voz la pequeña como si la mujer desnuda pudiera escuchar sus palabras.

La mediana, mientras tanto, fue a ver un montón de cuadros que en un rincón parecían abandonados.

—Mira, ésta es la catedral.

—Y esto debe de ser el calvario.

La ciudad iba pasando de mano en mano sobre lienzos apenas manchados. De pronto llegó desde la puerta el eco de unos golpes espaciados.

—¿Será él? —preguntó temerosa la pequeña.

—Voy a ver. Un momento.

La mayor fue a abrir y en el marco apareció la silueta de un hombre joven, de pelo un poco largo. Tomó la llave que le tendía la muchacha y escuchó sin mayor atención las razones con las que explicaba la presencia de las tres en la casa.

—Creí que estabas en Madrid. —Y viéndole negar con un ademán, añadió—: Estas amigas mías nunca han visto cómo es un estudio.

El otro sonrió, viendo el desnudo ante las muchachas. Luego, en un nuevo ademán, mezcla de juego y reverencia, las invitó a seguir la visita. Sin embargo las tres se hallaban tan nerviosas que sólo se atrevieron a salir al balcón que corría a lo largo de toda la fachada.

Vecino a la muralla y a la casa de Marta, desde él se adivinaba su jardín con su estanque y su fuente de dos caras. De haber estado en él como cada mañana hubiera sentido la misma brisa, aquel aroma a jazmín y cipreses de otros jardines escondidos o el rumor de las mismas secretas corrientes que aún recordaba la presencia de viejas aceñas, fuera de uso con los nuevos molinos eléctricos. La bruma gris del río ya no cubría los álamos. La misma luz que la borraba iba alzando un mar de torres rematadas por tejados rojos, revuelta por la algarabía de los niños. Al otro lado de la catedral, cerraba el horizonte la sierra, nevada todavía.

Cuando las tres muchachas volvieron al cuarto, la mujer desnuda de los pechos cárdenos ya no sonreía, aparecía cubierta por una vieja sábana que sólo dejaba al aire sus manos y sus pies descalzos. Y Marta pensaba que ahora, como recién salida de la cama, avergonzaba y atraía más que antes, cuando ofrecía todo aquello que de pronto la tela velaba. Lo mismo debían de pensar sus amigas cuando, tras despedirse del dueño de la casa, enfilaron el camino de la plaza.

—Tienes razón. Ese amigo tuyo es bien amable.

—Lo que es un rato guapo, con ese pelo rubio —murmuraba la pequeña.

La verdad fue que durante mucho tiempo, y quizá sin saberlo, fue el primer amor de las tres, de Marta sobre todo, siempre a la espera de empezar aquel retrato prometido.

Aquel pelo, sus brazos y sus labios aparecieron durante muchas noches en sus sueños, en torno a aquellos pechos, en aquel negro bosque de la mujer sobre el diván, haciéndola despertar sobresaltada lo mismo que a las amigas, hasta llevarlas a espiar después aquella habitación donde sin duda su rival llegaba cada día para posar desnuda hora tras hora. Pero nunca llegaron a descubrir a nadie.

—A lo mejor, la pinta de memoria.

—O tendrá fotos. Vete tú a saber.

Hasta que un día la casa amaneció cerrada y las tres la olvidaron, borrándola de sus días y su memoria.

Marta, Sonsoles y Carmen, «menudo trío», murmuraban las amigas viéndolas cruzar tímidas y a la vez desafiantes, sorprendiéndolas fumando a escondidas, leyendo alguna de aquellas novelas por entonces prohibidas, relatos convertidos por la noche en propios sueños donde blancas escenas cambiaban de color y nombre, no en el fondo vacío de infinitos capítulos sino en el secreto nido de las cálidas sábanas. Era preciso mantenerse alerta siempre para evitar saqueos y requisas, sobre todo si se prestaban a Carmen, cuya madre solía consultar el caso cada vez que, puntual, se confesaba.

—¿Qué hace con ellas? —preguntaba Marta—. Yo creo que se las guarda el capellán.

—¿Y él para qué las quiere? Bastantes cosas debe de oír cada día.

—¿Tú cada cuánto te confiesas?

—Yo cada mes —mediaba Sonsoles—. Pero no cuento todo. Me callo los pecados pequeños.

Marta en cambio solía llamar cosas pequeñas a las otras, a aquellas que más vergüenza daba volcar sobre la celosía hasta quedar pura y vacía, tal como tiempo atrás en el colegio predicaban. Cosas pequeñas eran aquellos sueños repetidos: besos cargados de pasión en remotos jardines, pechos generosos, encuentros, cartas, galanes de pelo liso y reluciente, de pantalón acampanado o con el cuerpo prieto bajo el traje de baño, que solían despertarla por la mañana con la angustia en los labios y el cuerpo tenso, bañado de sudor. Todo revuelto y sin razón aparente, como el día en que conoció su propia sangre, asustada, afligida. Se lo hubiera preguntado a la madre, pero su madre descansaba ya, tan sola y muda como a lo largo de su vida de casada, en su olvidada sepultura.

—Te hubiera dicho lo que yo —intentaba tranquilizarla Sonsoles—. Son cosas de la edad.

No comprendía bien. Se sentía humillada, diferente, lejana de las otras, atrapada por una extraña enfermedad de la que alguna hablaba vagamente.

—Eso se pasa y vuelve, y pasa otra vez, hasta que te haces vieja y ya ni sientes ni padeces.

Seguramente Carmen tampoco lo entendía bien del todo, pero no era cuestión de preguntarle al hermano, ya por entonces empeñado en noviazgos fugaces, o al padre, sólo pendiente de libros y papeles en donde se contaba la historia de la ciudad.

A fuerza de pensar en él, de soñar con él en las noches vacías, decidió en las siguientes vacaciones escribir también la suya en uno de aquellos diarios que por entonces solían guardar bajo la almohada las heroínas de las películas de moda. Allí, encerrados entre tapas de cartón y reflejos dorados, guardados por un candado diminuto, fueron quedando anotados, día a día, los avatares de aquella enfermedad que, como Carmen anunció, se acostumbró a aceptar, no como una bendición del cielo sino como una servidumbre más que era preciso esconder y callar.

Bajo aquel mínimo candado fueron quedando lágrimas amargas, difíciles de explicar, largos insomnios y la sombra del padre a su lado, en la misma alcoba o en el jardín, descifrando a sus pies el laberinto de tejados, la hoz del río, la casa del gobernador que, más alerta que todos, recogió sus bártulos y marchó meses antes de que la guerra comenzara.

También se hallaba en aquellas secretas páginas el tiempo del primer remedo de noviazgo, sus primeros encuentros con Pablo, sus vueltas a casa, sus mentiras aceptadas a medias en la penumbra del zaguán.

—¿De dónde vienes hoy? —solía preguntar el padre.

—De casa de Sonsoles, de la clase de francés.

—¿Sabes qué hora es?

Marta no contestaba temiendo que el reloj de la catedral, a la postre, acabara delatándola. El padre, a su vez, callaba para volver los ojos a sus eternos libros. Seguramente adivinaba aquellos primeros encuentros a orillas del río, el prematuro rozarse de los labios, aquel nuevo estrecharse no sobre el blando alivio de la almohada sino contra otro cuerpo agitado por deseos parecidos.

—A mí, en cuanto me rozan —confesaba Carmen—, no sé qué siento. Me parece que estoy en otro mundo.

—Yo me olvido de todo —murmuraba Sonsoles— hasta que vuelvo a casa. Cuando llego se me cae encima el mundo.

—Eso son cosas de los libros. La vida, como dice mi madre, es otra cosa.

A Marta, en cambio, la muerte de la suya la apartó por un tiempo de aquellos paseos que era preciso volcar luego sobre la acostumbrada celosía en la penumbra de la catedral. Se olvidó de rosarios y novenas, quedando sólo la misa del domingo como un rito social. Fue preciso aceptar el nuevo rumbo de la casa y ocupar el lugar de la madre, al menos en la mesa. Era la mejor hora; almorzar, cenar con el padre a solas, con el hermano lejos todavía, empeñado en aquellos estudios que a la postre borraría definitivamente la sombra de la guerra. Cenar y escuchar, antes de ir a la cama, aquellas historias nacidas de sus libros, de un viejo Testamento que parecía tomar forma y color en sus labios dispuestos a velar sus sueños.

Antes vino el tiempo de la primera bicicleta, de subir pedaleando con Sonsoles y Carmen hasta el monte vecino del desmochado calvario para charlar tardes enteras imaginando citas y olvidar tras de sí horas monótonas en las calles vacías.

—¿A ti cómo te gustan, altos o bajos?

—A mí me da igual.

—A mí como el de la película del jueves. Aquel de los hombros tan anchos.

—Resultaba demasiado grande. A mí dame uno más normal.

—¿Como Pablo?

—La verdad es que los hay peores.

—Pues tu hermano no está tampoco mal.

—Pero no voy a casarme con mi hermano.

—¿Quién habla de casarse ahora? Yo hablaba en general.

Mas la verdad era que las tres pensaban en lo mismo. Una vez tras otra, siempre su conversación volvía sobre aquel tema eterno, salvo en presencia de los chicos prohibidos. Éstos llegaban en sus maltrechas bicicletas, trazando en torno de las tres círculos cada vez más estrechos, luciendo su habilidad, vacilando, cruzando sobre sus huellas una y otra vez.

Eran muchachos de otros barrios y no llevaban lujosas máquinas casi siempre blancas, sino piezas casi prehistóricas, como Sonsoles decía, soldadas, repintadas, vueltas a poner en pie, con ruedas sin apenas radios y gomas remendadas, agrietadas de tanto envejecer.

—¿Vosotras sois de aquí? —solían preguntar.

—¿Dónde vivís? ¿En la calle real?

Mas las tres, aleccionadas por las madres, nunca

respondían. Habían aprendido que lo mejor en tales casos era no detenerse, y así, muy lentamente, acababan enfilando el camino de vuelta, cuesta abajo, rumbo a los jardines amigos vecinos de la plaza mayor. Allí, si alguno las seguía, podían sentirse seguras, defendidas bajo los plátanos amigos, espiarlo como a los pájaros, desear su presencia o huir, sin más, antes que la campana de la catedral las obligara a volver a casa devolviendo a los padres la tranquilidad.

Pero las madres se equivocaban. Nunca pasaba nada, aquellos chicos simplemente miraban, hacían alguna que otra pregunta sin respuesta siempre y al final, aburridos, se perdían camino de los arrabales.

—¿A qué vendrán aquí? —preguntaba Carmen.

—Les gustarán más estos barrios.

—Pues yo, por no subirme a esos cacharros me quedaba en el mío.

—A ellos se ve que no les importa.

—¿El qué? ¿Subir al calvario?

—¿No subimos nosotras?

—También es verdad.

Cuanto más prohibido aquel cerro de pinos, más las atraía con su cruz de sólo tres brazos. Desde él se dominaba la ciudad, en tanto a sus espaldas, entre jara y maleza, de cuando en cuando se estrechaba alguna pareja. Las tres intentaban desviar sus palabras y sus miradas lejos de ella sobre la dorada nave de piedra alzada en la llanura, mas su atención volvía una y otra vez hacia las siluetas que a sus espaldas se fundían.

—¿Habéis visto?

—Serán novios.

—De todos modos. Ahí, donde están, cualquiera que pase se los va a tropezar. Habrá mejores sitios.

—A lo mejor no les importa.

—Como dice mi madre: vaya desfachatez.

En verano, antes de que las vacaciones comenzaran, el lugar más tranquilo, en tanto calles y plazas ardían bajo el sol, era la catedral. Su oscuro interior de piedra donde sólo brillaba la luz del altar mayor.

Un día se la mostró un canónigo amigo de los padres de Sonsoles, un hombre de gastada sotana y frente altiva flanqueada de canas como una corona reluciente.

—Huele a sudor y vino —había murmurado Marta.

—A eso huelen los hombres —respondía casi ofendida Sonsoles.

Hasta entonces no se le había ocurrido pensar que fuera como los demás. Luego, fijándose, por debajo de la zurcida sotana se podían adivinar un par de viejos pantalones. La había tomado de la mano en la oscuridad, y aquel manojo de dedos blandos, sin saber por qué, la repelían como su voz que iba anunciando, uno tras otro, rincones remotos poblados de secretas maravillas.

—Ese Cristo es fama que estuvo en Lepanto. La reja de la capilla se hizo con el bronce de las galeras enemigas. Aquella lámpara es donación de un devoto que vio una parecida en El Escorial.

Apenas iniciada la visita, Marta hubiera descado interrumpirla, volver sobre sus pasos, pero aquella mano que la repugnaba se lo impedía como la voz que parecía surgir de las tinieblas a su lado.

—Eso es la tumba de un conde de Castilla. Está enterrado junto a su mujer, que mandó construir la capilla. A ambos lados pueden verse los escudos de las dos familias.

Y allí estaba el conde en piedra, durmiendo un sueño eterno, rodeado de arcos a medio caer y ángeles convertidos en haces de alas rotas. Tenía la nariz partida como los dedos de las manos, y su mujer, al lado, más que sufrir parecía sonreír, como si ya en el cielo hubiera conseguido una paz que al lado del marido se le negara aquí abajo, en la tierra.

Salir al sol, a pesar del calor, dejar atrás las tinieblas y aquella mano blanda y sudorosa, era un alivio, como tomar la bicicleta y huir rumbo al río o por el camino que llevaba a la estación.

Allí, al amparo de la marquesina, quedaban las tres exánimes tras la carrera de rigor para ganar el banco favorito desde el que ver llegar los trenes resoplando vapor, anunciando viajes a lejanos lugares cuando empezaran las ansiadas vacaciones. Los viajeros cambiaban según los días y las horas, mas los vagones de tercera clase siempre venían a tope. Cestas, conejos, sacos, iban naciendo por las ventanillas a medida que un chirrido imponente depositaba aquella carga a pocos pasos del jefe de estación con su bandera a mano y su eterno palillo entre los dientes. Sólo muy raramente el único vagón de primera abría su puerta reluciente para mostrar su pulido interior repleto de espejos y comodidades. Un hombre solo, una pareja ya de edad, bajaban y, tras llamar al mozo de equipajes, pedían un coche para el hotel de la ciudad.

—¿Quién será? —preguntaba Sonsoles.
—Vete a saber. Algún señor importante.
—Ésos ya no vienen en tren, vienen en coche.
—A lo mejor se marea su señora.
—¿Y por qué sabes que es su señora?
—¿Y quién va a ser si no?
—Fíjate cómo la trata. Hasta la ayuda a bajar. Eso mi padre no lo hace.
—¡Qué cosas dices! Lo que pasa es que la trata con educación.

Pero era en vano, pues aquellas historias de los jueves de cine, con sus amantes elegantes y sus maridos aburridos, volvían una y otra vez, según el tren proseguía su camino.

Cierta tarde, sin embargo, no trajo en sus vagones cestas, baúles o sacos, sino rostros curtidos por el sol del verano, con hatillos de ropa donde asomaban puntas de afiladas hoces.

—Deben de ser gitanos —murmuró Sonsoles viéndolos apearse y ocupar los andenes, sintiendo sobre sí sus miradas hostiles.

—Mejor nos vamos —murmuró Marta, temerosa.

Y al cruzar junto a ellos uno se alzó, susurrando al oído de Carmen unas cuantas palabras.

—¿Qué te ha dicho?

—Nada —repuso preocupada—. Que un día nos cortarán a todos la cabeza.

Marta también tembló, pero no repitió al padre la amenaza. Según él eran tan sólo segadores a los que una mala cosecha hacía volver a casa con las manos vacías.

Al fin llegaban los meses mejores, aquellos que se repartían entre el mar y la finca donde podía invitar a las amigas. Era jugar, soñar, dormir, meterse bajo las sábanas con Sonsoles y Carmen entre risas cohibidas, roces prohibidos y vagos temores, juegos cuya intención sólo el tiempo fue capaz de descubrir, aun antes que el mismo padre cuando las sorprendía:

—¿Qué hacéis ahí metidas las tres? —preguntaba descubriéndolas.

Ninguna se atrevía a responder viéndole pasear la mirada sobre las otras camas sin abrir.

—Están heladas —murmuraba Marta.

—No será tanto. —Y tras lanzar una última ojeada, añadía—: Ya sois mayores para andar así.

Cuando el padre se fue, un coro de risas antes sofocadas estalló en la alcoba entre revueltos camisones que mostraban al aire vientres sin brotar aún, revueltos con escuálidas espaldas.

Ninguna de las tres sentía aquel frío de hielo del que Marta hablaba, ni juntas, ni solas, a la noche, cada vez que sus manos torpes tropezaban con secretos rincones donde, según decían, hacían su nido las pasiones.

Era preciso buscar nuevos caminos, imaginar encuentros cada vez más secretos para llegar a adivinar cómo sería cada cual a la hora de la verdad, ese momento que cada una imaginaba a su manera.

Aquella búsqueda robada al sueño las hacía más amigas que los paseos de la tarde por los bosques de pinos o las veladas alusiones de la mujer del guarda, siempre atenta a sus idas y venidas.

Luego, el verano en sus postreros días las separaba a veces, alejándolas, aislándolas como al mismo padre que desde el fin de la guerra nunca volvió a poner los pies allí, perdido siempre en sus paseos solitarios a la orilla del río.

II

EL PADRE, sin embargo, nunca estuvo solo del todo, ni siquiera en vida de la madre, a la que Marta recordaba sobre todo a través de borrosos retratos, algunos en la luna de miel, de colchas bordadas, de sábanas sin rematar aún, sembradas de iniciales complicadas. Nunca estuvo tan solo tal como Carmen afirmaba.

—Los hombres nunca tienen vocación de casados. Por mucho que digan, siempre acaban en lo mismo. Los libros valen para lo que son, sobre todo cuando se es viudo y con pocos amigos.

—Y a ti ¿quién te lo ha dicho? —preguntaba Sonsoles.

—Esas cosas siempre acaban sabiéndose.

—También se inventan. Calcula qué dirán de nosotras.

Las tres callaron como si, sorprendido su pecado, el dedo del capellán las apuntara desde la torre de la catedral pregonando a los vientos sus hazañas.

—Yo creo que en eso de los hombres hay muchas ganas de hablar por hablar —insistía Sonsoles lanzando a Marta una ojeada como intentando librarla del pecado que Carmen atribuía al padre—. Yo sólo creo lo que veo. Nada más.

—¿Y qué quieres ver?

—No sé. Por lo menos a las personas juntas, en un bar, o, si me apuras, en la cama. El día que me case ya te lo explicaré. Tampoco creo que el mío sea un santo. Ni el tuyo tampoco.

Marta callaba. Seguramente cada cual decía su parte de verdad. Los viajes a la capital que llenaban puntuales cada fin de semana, sus ausencias en plenas vacaciones, volvían cada noche como ahora, manteniéndola en pie, frente al jardín sombrío o la penumbra tenue de la alcoba.

Y el padre, como si adivinara su desazón, a veces llamaba a su puerta.

—¿No duermes? ¿Qué te pasa?

—Nada. Andaba a vueltas con el francés dichoso.

—Cierra los ojos y duerme. Si no mañana estarás rota.

Apagaba la luz y cerraba los ojos, pero el sueño no venía. Como en un juego mágico y sombrío, la habitación se iba llenando de aquella madre joven y admirada de la que el padre hablaba poco, pero cuya fotografía sobre la oscura mesita de noche le hacía contar las horas a veces hasta la madrugada. A ratos se la imaginaba junto al padre en la alcoba cercana, colmada de atenciones, envuelta en la cadena de sus brazos, palpitando tal como oyó decir que sucedía en las noches de bodas, en los primeros meses de casados. Viéndola, adivinándola en su marco de plata, en pie, apoyada en el sillón del marido ante un telón de fondo que recordaba a los viejos teatros de entonces, a ratos la odiaba sin saber por qué, deseaba apartarla, o mejor arrancarla, lejos de aquellos ojos tranquilos, de su ademán generoso. Aparte de aquel puñado de retratos, recordaba también la enfermedad que acabaría arruinando su cuerpo tan firme, sus cabellos apenas recogidos, sus ojos melancólicos a ratos. Llegó a odiarla incluso por su mal, por sus silencios y suspiros, por las continuas atenciones del padre, sintiéndose capaz de suplantarla en todo, en la casa y la cocina, incluso ocupando su sitio en el vacío lecho nupcial. Luego venía aquella sensación de culpa que el capellán ya conocía de otras veces y a la que siempre respondía pidiéndole paciencia y voluntad.

—¿Cuándo pasará, padre?

—Cuando el Señor lo estime conveniente.

Mas el Señor no se decidía y aquella inútil ruina sacada al jardín cada mañana se iba sumando a muros y zarzas en una muerte tranquila, vegetal. Desde entonces su figura fue quedando presente en todas partes, sobre la mesa de trabajo del padre, en las dos alcobas más cercanas que nunca, incluso en el recibidor, como exigiendo a las visitas un implícito homenaje.

Luego tuvo lugar uno de aquellos entierros vedados a los niños entonces que llenó de luto riguroso y lejanos parientes el salón, la escalera y el zaguán con su bandeja de plata rebosando tarjetas dobladas. Incluso a Marta le compraron para el funeral traje nuevo y zapatos. Cuando, tras las pruebas, la dejó a solas la modista con Sonsoles y Carmen, ésta no pudo menos que exclamar:

—¡Qué guapa vas a ir! Pareces una viuda joven.

—Joven y rica, además. Pocas habrás visto así tan elegantes.

Tendían sobre la cama aquellas nuevas galas oscuras y radiantes, y en tanto desprendían de su brillante superficie los últimos pespuntes, comprobando uno tras otro los botones, era como iniciar una de aquellas bodas tan prodigadas en el cine, como casarse convertida en mujer.

—¿Por qué no te lo pruebas?

—¿Ahora?

—¿Qué más te da? Esto no trae mala suerte. —Carmen dudó un instante—. Luego, en la iglesia, a lo mejor ni se te ve. Seguramente estará llena.

Como en una secreta ceremonia, fue cambiando la falda plisada y la blusa sin apenas escote por aquel negro traje que tanta admiración despertaba en sus dos compañeras.

—Tendría que verte Pablo ahora.

—¿Quién lo eligió? ¿La modista?

—La modista ¿qué sabe?

La verdad era que en aquel vestido pensaba desde antes de sacar a la madre de casa. Por encima del vago dolor que la asaltaba a veces, viéndola inmóvil por postrera vez, rodeada de suspiros y rezos, no podía menos que sentirse protagonista por primera vez, tal como aseguraban las amigas.

—Dicen que va a venir hasta el gobernador. Si no, mandará un representante.

—También la junta del casino.

—Y el capellán y el guarda.

Nadie quería perderse al parecer el espectáculo, incluso los amigos del padre, dispuestos a espiar su rostro durante la ceremonia. Tan sólo faltó Pablo, que más tarde explicaba:

—Ya sabes que no me gustan esas cosas. A los muertos prefiero recordarlos vivos.

—No era por verla a ella, sino por verme a mí.

Se la quedó mirando fijamente y al cabo respondió:

—Mujer, qué cosas se te ocurren con tu madre de cuerpo presente. Como quien dice: caliente todavía.

Sin embargo para Marta, en el coche, cerca del padre y el hermano, aquel breve viaje vino a ser como de bodas, según el coche iba dejando atrás a las amigas. Breve o largo, bien valía la pena aunque sólo fuera por hallarse entre los dos, soportando tantos cánticos y lágrimas, y aquella oración interminable sobre la salvación del alma.

La vida del padre, tras unos meses de continuo silencio, no sufrió cambios fundamentales. Volvió a sus libros y sus viajes, y sólo por Navidad coincidía en la casa con el hijo. Esta vez el hermano trajo consigo una reciente novedad que, como siempre, los llevó a enfrentarse. Sobre todo cuando supo qué nuevo empeño acaparaba sus días en la Facultad.

—Tú estudia y déjate de política.

—Eso se dice fácil sin salir de casa. Fuera ya es otra cosa.

En el silencio de la sala, el padre parecía abarcar el tiempo con sus manos.

—Pierdes el tiempo —acostumbraba a replicar—, pero no quiero llevarte la contraria. A tu edad, también pasé por ello: huelgas, carreras, peleas con los guardias. A la postre no sirven para nada.

—Bonito modo de pensar.

—Pues es así, como yo te lo digo. Vosotros, por ejemplo, ¿qué pedís?

—Orden, justicia —respondía vagamente el hermano— y defensa de la propiedad.

—Eso lo quieren todos.

—El día que te requisen la finca, ya verás. No es que quiera asustarte pero está mal la cosa, sobre todo en Madrid.

—¿Y cuándo no lo estuvo?

Por entonces llegaron a la famosa finca, de la que tanto hablaban, nuevas máquinas con que sembrar o recoger. Muchos peones quedaron sin saber qué hacer, qué partido tomar, rondando por los alrededores, acechando a la tarde los establos vacíos donde ahora trabajaban los mecánicos.

Hasta el mismo Pablo apareció una tarde dispuesto a conocer de cerca tales novedades. Al menos eso dijo a Carmen antes de preguntarle:

—¿Está Marta por ahí?

—Debe de andar por la casa.

Cuando al fin se encontraron, quedaron borradas amigas y máquinas tras el bosque de jaras. Marta volvió ya tarde, con aquel gesto que la luz del cine alumbraba al salir, limpiando de arena sus zapatos y la falda de agujas de pino.

—¿Qué tal? —preguntó Sonsoles.

—Bien. ¿Volvió mi padre?

—No ha aparecido. Si un día te pilla te la vas a ganar.

—No lo creas.

—De todos modos, no hemos visto nada. Nosotras, como en el cuento de la rata: «comer y callar».

—¿Cuándo ha dicho que vuelve?

—¿Quién? ¿Pablo? No dijo nada —repuso Marta.

—¿Apostamos a que antes de una semana se presenta?

Marta no supo qué contestar, sentada sobre la cama revuelta, vacilante, inquieta como la lámpara sobre la mesilla al compás del motor de la huerta.

—No hay que preocuparse —replicó—. Se marcha al mar un día de éstos.

—Es que ese Pablo no es como los demás: ya sabes, que si un beso, que te escribo. A falta de otra cosa se conforman con eso. Pablo, en cambio, es un poco especial.

—¿Y qué tiene de malo? —preguntaba Carmen.

—Nada, si no pasa de ahí. Mis hermanos lo dicen; para eso están los barrios que todos conocen. Lo malo es cuando traen lo que no se llevaron.

—¿Y qué van a traer?

—Enfermedades de mujeres, tonta.

La luz, de tanto vacilar, acabó apagándose. Sólo quedaba afuera un cielo alto sobre el que se recortaban las copas de los álamos. Sus ramas pesadas daban asilo a pájaros dormidos, velando el pensamiento de las tres, pendientes del encuentro siguiente. Mas ni Carmen ni Sonsoles supieron nunca cómo fue. Marta volvió tarde como en la cita anterior; apenas abrió los labios. Había en su actitud una velada lejanía, un saberse distinta de las otras, en tanto la oscuridad iba borrando en su cuerpo las huellas de un amor precipitado.

III

Dando en todo la razón al hermano, el horizonte se encendió una noche, no sólo sobre los pinos, sino a través de los boletines de la radio. El padre quedó desde entonces pegado al altavoz, el otro marchó al frente. Pablo, en cambio, convertido en improvisado sanitario, fue a parar al antiguo colegio de Marta, transformado en hospital de sangre. Al menos le sirvieron de algo aquellos estudios apenas iniciados en Madrid. No tuvo que esconderse como tantos otros, esperando que el destino decidiera. A Marta, a su vez, le fue preciso escoger entre aprender a zurcir, coser, servir como Sonsoles y Carmen en comedores de refugiados o soldados; pero, puesta a elegir, se decidió por el mismo hospital, tan transformado ahora.

Cuando el padre supo su decisión, alzó los ojos desde sus eternas páginas.

—¿Y qué piensas hacer allí?

—Ayudar, como todas.

—Pero tendrán alguna experiencia.

—Eso no importa ahora. No lo tienen en cuenta.

—Pero ¿tú tienes vocación de enfermera?

Estuvo a punto de reír, escuchándole. Seguramente

aquella vocación, tal experiencia, estaba para él en sus libros antes que bajo el cielo color sangre en donde a ratos rompían remotos resplandores.

Además, pensando en sí misma, tampoco se imaginaba una heroína y odiaba los comedores de caridad donde seguro acabaría tras los pasos de sus dos amigas. Si aquella guerra era cosa de poco, tal como anunciaba el hermano cuando volvía a casa, tanto daba quedarse fuera o no, con tal de no alejarse de Pablo, de aquel desconocido trajinar de camiones y soldados capaz de librarla de su prisión particular, huir, romper el ciego caparazón de la vida que ya por entonces resultaba demasiado pesado. Seguramente le hubiera gustado ser como el hermano, campar a voluntad, dueña de sí, tal como en sueños se veía. Charlar con el padre de tú a tú, engendrar, poseer aquella postrera razón que los hombres siempre esgrimían a la postre, sentirla crecer como dicen que crecen los hijos y borrar para siempre en derredor aquel mundo que, entre la alcoba y el jardín, cada día se le antojaba más tedioso y mezquino. En una de aquellas pesadas ambulancias bautizadas en el hospital como «el baúl de los cadáveres», habían traído cierto día a un oficial que no llegó a alcanzar con vida la sala de operaciones. Quedó tendido a la espera de los celadores, todo sangre y hedor. Lo único vivo parecían sus manos leves, casi transparentes, y su negro atributo que nadie se molestó en cubrir, quién sabe si por tratarse de un cadáver. En el desierto corredor se entretuvo mirándolo. Lo hubiera arrancado de su lecho de musgo, quién sabe si para devorarlo. Allí estaba a su alcance, como un trofeo insólito, la postrera razón de los hombres que, como su sangre, borraba el universo en torno, hasta quedar bajo el embozo de la sábana.

En los días de calma, Pablo solía esperarla en el patio, junto a las ambulancias.

—¿Dónde comemos hoy?

—Donde el chófer nos lleve.

Al final siempre acababan en la venta rodeada de pinos, repleta de oficiales italianos. Según el coche subía monte arriba, el sendero se abría en raíces brotadas de la tierra, en blancos torrentes cuyo rumor se agudizaba bajo la sombra de los primeros robles.

—No hay mucho que ver aquí. Veremos de comer qué tienen.

Sin embargo Marta, bajo aquellos pinos, se sentía formar parte de sus troncos mutilados, rotos, parecidos a aquellos otros del blanco quirófano.

Las trincheras, arriba, con sus fusiles y soldados, no le daban sensación de peligro ni siquiera adivinando cadáveres tendidos entre arroyos y líquenes, esperando sobre un mar de camillas a ser contados o reconocidos. Algunos, a la larga tendrían calle y plaza con su nombre que un compañero iba anotando al tiempo que recogía corazones de Jesús estampados en tela, cadenas y medallas.

Cuando los dos llegaron hasta una tienda de campaña apartada de las otras, murmuró Pablo:

—Un momento. No te alejes mucho.

Y desapareció en el interior donde el olor del alcohol se mezclaba con el aroma de los pinos. Afuera nada se oía, ni siquiera el rumor estremecido de la noche, ni voz alguna como las del hospital, clamando, llorando, volcando su dolor en pasillos repletos de otros miedos, entre hedores de orina y transfusiones. Nadie hablaba tampoco; tan sólo se escuchaba aquel eterno rumor del arroyo y la voz de los grajos en lo alto, espantados por secos estampidos como de cazadores.

Marta siguió adelante, tras su curiosidad, bajo un cielo ceniciento. Más allá de las trincheras la tierra aparecía revuelta, rota en continuos laberintos rematados por coronas de espinos oxidados. Una voz le gritó:

—¡Alto! ¿No ve que no se puede pasar?

—Buscaba a un oficial de sanidad —mintió, saliendo a la luz para hacer ver mejor el uniforme.

Una silueta parecida a las que antes dormían surgió a su vez ante la puerta de una casamata.

Y como si no se fiara, la siguió mirando hasta verla perderse en un recodo. Tanto daba; más allá de la voz, otro soldado debía de montar guardia entre iguales trincheras y los mismos pinos. Todo el eterno crepitar de la noche, las luces vacilantes como espuma a buen seguro nacían y morían más allá, no en aquellos solitarios calveros donde la guerra sólo se hallaba presente en un olor a madera quemada, en las vaguadas al amparo del viento. Y de pronto la guerra estaba allí, no en los ocultos nidos de ametralladoras, apostadas a ambos lados del camino, ni en el humo de la hoguera encendida calentando café en latas bruñidas, sino en un haz de luz que abriéndose paso en la penumbra del bosque rompía el aire a ratos como un mudo relámpago. Se acercó a él y con la punta del pie le hizo dar vuelta. Dentro de la botella dos ojos manchados de sangre, deslizándose, giraron. Se los quedó mirando largo rato y de pronto le vino a la memoria el recuerdo de aquel rojo coser del cirujano en su hospital, con sus guantes de goma y el pecho de la bata ensangrentado. Recordó aquellas cuencas vacías, recién operadas, de las cuales el mundo huía en el vaivén de una pequeña palangana. En ella se alejaba para siempre la eterna novia de las cartas remotas, los amigos, su propia imagen reducida a sombra, sus manos y sus pies, ahora desconocidos como el rostro vendado. Aquí, en cambio, aquellos otros ojos, al otro lado del cristal de la botella, no la repugnaban tanto, sólo sentía un miedo singular que el silencio de los pinos y el rumor de aquel río brillante, indiferente, hacían crecer en su interior según se retiraba, paso a paso. Aquel par de ojos perdidos buscando la luz, arrancados como un trofeo de su nido, eran aquella guerra que acechaba desde la barandilla del jardín, más que los otros cuerpos del hospital que era preciso lavar o componer para herirlos de nuevo.

Cuando se lo contó a Pablo, no supo si la llegó a creer.

—Eso fue en los primeros días. Lo malo de la guerra es que vuelve locos a todos.

Era cierto, aquel tiempo volvió definitivamente viejo al padre; a otros, crueles como niños, y a Marta le hizo madurar tras las angustias iniciales en el nuevo hospital. Incluso aquel acercarse a Pablo, aquel buscar amparo a su lado como antes, a la sombra de Sonsoles y Carmen, nunca se hubiera despertado tan aprisa como para seguirlo hasta aquellas trincheras que anunciaban el frente. Puede que él también, a su vez, tras la venta repleta de oficiales, la sintiera más cerca a la vuelta, en la misma ambulancia a punto de saltar hecha pedazos cada vez que un bache amenazaba reventar sus ruedas. Y por si fuera poco, en un recodo pincharon, obligando al chófer a echar pie a tierra para cambiar la cámara maltrecha.

—¡Buen material nos dan! —clamó en alta voz—. Si esto es ahora, ¿qué será en el invierno con el barro?

Marta y Pablo se alejaron bajo el mar de robles, donde llegaba un eco de disparos anunciando la noche. Aquel rumor no la asustaba, con Pablo allí, a su lado, ni aquella boca menos experta que otras, ni sus manos buscando sus pechos vueltos a nacer bajo la mancha blanca de la luna en lo alto.

—Déjame, por favor. El chófer nos va a ver.

Mas bien sabía que el conductor se hallaba pendiente de su rueda y las sombras ya se confundían bajo la luz incierta de las primeras estrellas. Cuando sus manos acertaron a detener el bosque en torno de su angustia, sintió de nuevo aquel sabor amargo de los primeros encuentros en la finca.

Pablo se la quedó mirando.

—Tengo miedo —consiguió murmurar—. ¿Qué quieres hacer?

—Miedo ¿de qué?

—De todo.

—Todo no quiere decir nada.

Y sin embargo para ella suponía aquel turbio hospital, el recuerdo del padre y, antes que nada, del hermano capaz de adivinar de una sola ojeada lo que solía esconder en muchas páginas de su secreto diario. Quién sabe si desde aquellos mismos pinos estaría escuchando como en casa, acechando mientras se vestía o en el cuarto de baño. De pronto se los imaginó frente a frente, disputándose sus labios, la doble tentación de sus tibias coronas recién nacidas a la luz o su pequeño bosque bajo el vientre apenas brotado, antes que la voz del claxon la devolviera a la realidad, con Pablo a su lado tendiéndole en la oscuridad la mano.

—Ya está lista la rueda. Vamos.

Así su amor siguió hasta que cierta noche, a la vuelta del hospital, sucedió lo que temía. En el portal esperaba el hermano.

—¿Qué hacéis a estas horas los dos?

—Ya lo ves. —Pablo se encogió de hombros.

—Pues por si no lo sabes, es la última vez.

—¿Por qué?

—Porque nos conocemos.

—Pero cálmate un poco. ¿Qué tiene esto que ver? Somos mayores, ¿no?

Marta lloraba y a la vez reía entre los dos. Cuando el hermano desapareció, se preguntó a sí misma en alta voz:

—Pero ¿a qué viene todo esto?

—Yo qué sé —respondió Pablo—. ¡Con tal que no le vaya con el cuento a tu padre!

En el portal se despidieron con un beso rápido que a Marta le supo a poco por primera vez, como un viento dolorido y lejano.

IV

A Mario lo conocía desde niña, a la vez presente y lejano, siempre enseñando a todos aquellas fotos con su media familia veneciana de la que tanto presumía. Colaboraba en la prensa del frente y fue de los primeros en trabar amistad con los recién llegados voluntarios italianos.

Como a todos, costaba trabajo reconocerlo con su nuevo uniforme en uno de aquellos bailes que el casino organizaba para buscar recursos con que dotar a la tropa de capotes y mantas.

Ya el invierno venía en el aliento de los pinos, en tímidas nevadas que aun sin llegar a cuajar echaban por tierra aquella primera ilusión de un frente liquidado en pocos días. En un rincón entre banderas polvorientas, al amparo de cortinas, sobre una rústica tarima que conoció tiempos mejores, una orquesta de viejos maestros procuraba no desafinar a la hora de llevar el compás de los jóvenes. Bebidas inocentes iban de mesa en mesa, torpemente servidas, en tanto cerca de la pista cruzaban uniformes de todos los colores.

Cuando el hermano se empeñó en presentarlos, Mario murmuró:

—Ya nos conocemos.

—¿Tú y Marta? ¿De qué?

Marta se echó a reír.

—¿De qué va a ser? De aquí.

—Pues la verdad, no me acordaba. Para que luego digan de estos días. Si no fuera por ellos, se perdía para siempre a los buenos amigos.

Se le notaba más tranquilo y alegre, sin la sombra de Pablo rondando en torno a aquella pista, sobre la que la orquesta dejaba caer un acorde final anunciando la inmediata despedida.

—¿Qué despedida ni qué gaitas? —clamaba en la calle el hermano, haciendo frente a un viento helado que echaba por tierra las postreras hojas—. De noche se vive, mañana Dios dirá.

—Tienes razón —repuso Mario, y, vacilantes como su misma voz, iniciaron un camino de bares más o menos abiertos, quizás recuerdo de los tiempos de Pablo. Ahora lo mencionaba tan sólo de pasada como si aquel tiempo, el hospital o cualquier otro motivo hubiera trazado una raya infranqueable entre los dos.

En algo sí tenía razón: en que una vez el casino cerrado, la fiesta proseguía. Ya no era aquélla la ciudad tranquila de los primeros meses cuando todos temían un desenlace trágico inmediato. El mismo padre, a pesar de las advertencias del hijo, quedó mudo y altivo, más encerrado que antes. Un huracán de emblemas y banderas dejó su huella inmarchitable sobre ventanas y azoteas, asomando al recio balcón corrido de la casa consistorial ante la que una avalancha de brazos tendidos señalaba nuevas victorias en los frentes vecinos. Marta lo interpretaba de otro modo, cada vez que, desde el hospital a casa, se tropezaba con columnas de tropas a la sombra de nuevos camiones, veteranos vivos tan sólo en el temblor del cigarrillo, ojos cegados por vendajes y gasas, caminando sonámbulos o tomando el sol en pasillos y patios. Y sobre sus cabezas, extendiendo su rigor y amparo por toda la ciudad, el mismo rostro de alquitrán en cada piedra o muro dando fe de las razones de la guerra. Marta apenas se fijaba en ellos; Mario sí, comparándolos con otros más altivos y remotos, sacados de fotografías que llenaban la redacción volante en la que por entonces trabajaba.

Marta se preguntaba en ocasiones por qué todo aquel remolino, donde amor y dolor caminaban del brazo bajo un mismo sol, la asustaba tanto cuando en el hospital lo tenía más cercano, a diario. Quizás el recuerdo de Pablo la hiciera temblar más que la otra luz eterna del quirófano blanco, que aquellas calles y soportales animados de sombras a la noche, de citas y adioses, de promesas que nadie en su interior sabía si llegaría a cumplir, de un murmurar de cuerpos confundidos que a Mario, a ratos, hacía sonreír.

—Ahora a casa, a dormir cada cual en su cama.

—¿Adónde van a ir? —murmuraba el hermano.

Y a Marta entonces le venían a la memoria aquellas colas de soldados en los barrios vedados, siempre liando un cigarrillo que a veces se consumía entero antes de que corriera el turno más allá de las empinadas escaleras. Gorros tradicionales, boinas que fueron rojas y turbantes se fundían allí para buscar luego remedio en el hospital, aguantando sondas capaces de vaciar entero a un hombre.

Luego el temor de contagiarse, de sentir sobre sí aquella enfermedad que apuntaba desde cerrados caserones, refugio y purgatorio de otras mujeres a las que el hambre, la miseria, los hijos, empujaban bajo la dura disciplina del ama.

Ni siquiera cuando el frente se alborotó unas cuantas tardes y un rumor nuevo nació entre las nubes, temió tanto junto a las compañeras, camino del sótano.

—Vienen a por nosotras —murmuraban tras cada estampido.

—No ha sido aquí; ha sido en las afueras.

—¿Qué más da? Total dos pasos.

Y en el coro de constantes oraciones siempre una voz se alzaba:

—Dicen que no respetan ni los hospitales.

—Éste tiene la cruz pintada en el tejado.

—¡Ojalá que no acierten! Pero la catedral bien a la vista está.

—Dios quiera·que esta vez fallen también.

En tanto aquel rumor iba y venía sobre la ciudad, surgían ráfagas de disparos desde campos baldíos y cerros apretados, incluso desde el camino que llevaba a los pies del rústico calvario.

—Ésos son nuestros —respiraban al fin los sanitarios—. Veremos quién se lleva el gato al agua. Esos que suenan son los italianos.

El rumor pareció alejarse definitivamente; ya dejaban el sótano cuando el suelo retumbó por tres veces como en una despedida solemne.

—Ahora ha debido de ser en la plaza mayor —explicó un sanitario.

—Más allá; en la muralla. En la plaza sonaría de otro modo, más cerca.

Marta se abrió paso, escaleras arriba, entre los dos, poniendo fin a sus cálculos.

—Tenga cuidado, señorita, que ésos vuelven —recomendó uno de ellos—. Ésos no quieren irse de vacío.

Pero Marta no le escuchó mientras corría camino de

la casa. Cuando por fin la distinguió a lo lejos, tras el jardín, dormido como siempre, sin rastro de destrozos o humo en torno, no fue capaz de contener un amago de lágrimas. Había algo de testimonio vivo bajo aquellos tejados pardos ya por el tiempo, tras las madreselvas de troncos retorcidos, bajo aquella sombra a la que ahora se abrazaba apenas cruzado el umbral del zaguán.

Viendo el jardín invicto y la muralla rota un poco más abajo, en sus rudos bastiones, Marta se decía que, con sólo equivocarse un poco, aquel rumor del cielo hubiera puesto fin a una historia que, tras los días primeros, tal vez se prolongaba demasiado.

Mas su preocupación sólo duraba unos instantes, justo lo que tardaban en llegar las primeras visitas tras Sonsoles y Carmen.

—Nos dijeron que estabais todos en el hospital.

—Todos no. Yo sí; como todos los días.

—Todavía tienes ganas de bromas.

—¿Y qué queréis que diga? Ya pasó. Lo que hace falta es que no se repita.

—Dicen que esas tres bombas sacaron al aire un montón de esqueletos.

—No serán de esta guerra.

—Vete a saber; puede que de alguna otra. A fin de cuentas, también antes enterraban en la catedral.

—Es distinto; allí sólo hay gente noble. No hay más que ver los escudos que tienen los sepulcros.

El círculo otra vez se repetía más denso y apretado en las voces, en la presencia de los chicos venidos desde la orilla frontera a comprobar la ruina de los cubos, en busca de pedazos de metralla. Cuando alguno se alzaba con su negro trofeo, reunía en torno un silencio de voces admiradas, aún más profundo cuando llegó un oficial dispuesto a borrar aquel juicio final de adobes, tibias y calaveras rotas.

Cuando el padre lo supo, dejó libros y casa por primera vez, empeñado en ver de cerca lo que ya todos conocían.

—Me han dicho que lo van a vallar.

—Mejor será —replicó Marta—. Por lo menos así descansarán esos huesos. Andan los chicos revolviéndolos todo el día como si fueran a encontrar un tesoro.

Aunque se resistiera en un principio, fue preciso acompañarle paso a paso por el camino paralelo al río, mecido por la presencia altiva de los álamos. Según iban salvando repechos, acequias escondidas, raíces pulidas por el hielo, apenas necesitaba descansar; algo desde aquella muralla le llamaba hacia aquella tierra removida aún. Allí, ante aquel aluvión de cascotes recién devueltos a la luz, quedó mirando largo rato, leyendo lápidas borrosas, inscripciones borradas por la lluvia y la nieve, hasta ponerse el sol.

—Anda, vámonos.

Y por el mismo sendero, quizás sobre sus mismos pasos, bajo la escasa luz clavada en cada esquina, volvieron a casa para encontrar en el buzón del portal un papel en el que se le citaba para el día siguiente.

—Lo trajo uno de uniforme, no hace ni un cuarto de hora —explicó el portero—. Si llega usted un poco antes, se tropieza con él.

—¿Qué querrán esta vez?

—Que me presente, como siempre —respondió el padre tras rasgar el sobre.

—Que te presentes ¿para qué?

—Lo mismo me pregunto yo. Supongo que para tenernos controlados.

—¿Controlarte a tus años?

Volvió a la noche más irritado que en otras ocasiones.

—¿Qué querían por fin? —preguntó Marta, inquieta.

—Saber si estaba todavía aquí. Luego, cuando supieron que tu hermano anda en el frente y tú en el hospital, me dejaron salir.

—¡Qué ganas de perder el tiempo!

—No lo tomes a broma, muchos por menos acabaron peor.

Había en sus palabras un furor apagado y altivo, un desdén por sí mismo ciego y secreto ante aquel nuevo plazo de libertad ganado a costa de sus hijos.

Luego, a la noche, aquel rencor particular se fue apagando cuando en la cárcel vecina volvieron a sonar aquellas salvas de disparos, seguidas del rumor de los motores rumbo a remotos cementerios comunes, seguramente parecidos al que la guerra había descubierto, perdido durante tantos años entre la muralla y el río.

V

Marta pasó en vela casi toda la noche. Aquel viejo cementerio con sus huesos rotos, el recuerdo del padre, los disparos en el patio de la cárcel confundían sus horas con los de la vecina catedral. A ratos un solitario resplandor se abría paso en la carretera, a orillas del río, allá en el hospital donde era preciso hacer a veces alguna guardia especial.

A medio camino, nunca faltaba la eterna pregunta del chófer:

—¿No le da miedo andar sola por ahí a estas horas?

—Es como todo: acostumbrarse.

—Mire que si de pronto sale alguno —reía a medias al volante.

—¿Algún qué?

—No sé. Alguno de esos moros. En estos tiempos nunca se sabe.

Seguramente el chófer hubiera sido de buena gana aquel fantasma con el que amenazaba. Se le notaba en sus ojos furtivos cada vez que los faros del coche se iban abriendo paso paralelos a las hoces del río. Se imaginó al muchacho en una de aquellas siniestras colas de los barrios prohibidos, fumando su cigarro al sol, esperando, ya con su mal a cuestas, huésped del hospital y sus curas temibles. Y viendo desfilar las siluetas negras de los álamos, murmuró a su oído:

—Me parece que tienes tú tanto miedo como yo.

El muchacho callaba, tal vez imaginándola en sus brazos, en el asiento trasero, que ya la madrugada iluminaba. Debía de creer como todos que las mujeres estaban obligadas a pagar un tributo especial de guerra. Los hombres bastante tenían con morir en el frente. Las mujeres —salvo un núcleo apretado de familias— siempre la perderían donde quiera que fuese, a un lado y otro, en hijos y parientes o a solas en el lecho del río.

En ocasiones, de vuelta a casa, Marta descubría, antes de que la ciudad despertara, pies desnudos con las medias rotas, vestidos desgarrados, carne abierta de par en par entre matas de zarzas, con algún perro tempranero husmeando en torno.

—Es la vida —murmuraba el conductor de turno, acelerando—. Cuanto antes esto acabe, antes lo olvidaremos. Aunque, según tengo entendido, va para largo.

Una noche de aquéllas la llevó el mismo Pablo al hospital.

—Oye, tengo un trabajo para ti —titubeó un instante—. Si es que quieres acompañarme, claro.

—Desde luego que voy. ¿De qué se trata ?

—Ya lo sabrás, tranquila.

Pero era él quien no acertaba a medir sus palabras. Se le notaba preocupado y, cosa rara, llevaba su viejo maletín de mano.

—¿A qué viene tanto secreto?

—Si te lo digo te vas a echar atrás.

—Hasta ahora —murmuró molesta—, no dirás que me has visto volver nunca la cara.

—No, mujer; tienes razón. Es que se trata de algo especial. Sólo un momento y te devuelvo a casa.

El tiempo se prolongaba más allá del agua, al otro lado de un puente de madera que parecía a punto de ceder, ante una iglesia de ladrillo y cal donde el coche por fin se detuvo.

—¿Es aquí?

—Ya puedes bajar.

—Yo creí que se trataba de algo en el hospital.

Una mujer ya de edad y gesto amargo los esperaba con un manojo de llaves en la mano. Apenas movió los labios. Sólo con un ademán los invitó a seguirla a lo largo de patios y celdas. Marta vio pocos hombres en ellas según avanzaban hacia las salas del fondo, cubiertas por un montón de viejas colchonetas. Sobre ellas o en el suelo desnudo un haz de rostros se levantó asustado.

—El director quiere saber cuáles están embarazadas y cuáles no —murmuró la guardiana.

—Eso va a ser difícil. Si las llevara al hospital —respondió Pablo— se lo podría decir con más seguridad.

—De todos modos usted sabrá lo que hace. En sus manos las dejo.

Sobre aquel suelo de baldosas rotas Marta fue conociendo un miedo diferente. En un rincón dos niñas lloraban abrazadas, en tanto iba tomando nota de aquellas que sería preciso volver a reconocer más tarde.

—Para esto están las comadronas —murmuró entre dientes.

—No se fían. Dicen que, a fin de cuentas, ellas son mujeres también.

—Y ¿a qué viene tanto interés?

Pablo se detuvo en el claustro.

—A todas las condenaron en consejos de guerra.

—¿Quieres decir que las van a fusilar?

Pablo, buscando inútilmente un cigarro, intentó proseguir:

—Las únicas que quizás se salven son las que llevan dentro el crío, y eso hasta que den a luz.

Ahora el terror de aquellos ojos sobre paja y baldosas, dentro del coche, se multiplicaba.

—Son cosas de la guerra —murmuraba como todos, como si el eco de sus palabras fuera capaz de borrar tales recuerdos a la noche. A ella le servían de poco.

—Te voy a dar unas pastillas, pero no te acostumbres —prometió Pablo un día, y volvió del botiquín con un puñado de rosadas grageas.

En un principio fueron como un buen amante del que echar mano cada vez que, rechazada por el sueño, despertaba rendida. Necesitaba entonces olvidar, acabar con aquellos pasillos y rincones que el rumor del reloj, cualquier otro sonido, hacían presentes, un tiempo que parecía alzarse apenas ponía el pie en el zaguán.

A veces amanecía capaz de amar, de perdonarse, de entender el lado bueno de las cosas. Sentía justificada su ansiedad, pero al día siguiente volvía a caer en un mar de depresiones que la sorprendía llorando sin razón aparente.

Pablo entonces la sacó adelante más con amor que con su ciencia escasa o, por mejor decirlo, la puso a flote, no sólo con su presencia sino prohibiendo aquella misma cura que él mismo un día le había recetado. Sólo esperando su diaria visita fue capaz de mantenerse en pie a pesar de la fiebre, de horas en las que el recio sonar de la vecina catedral era su ayuda y compañía, pobladas de sueños donde el padre y la madre hacían el amor a escondidas al otro lado de la puerta, lo mismo que en el jardín los gatos.

—Todo eso pasará —la animaba Pablo, fundiendo en sus manos sus dedos negros de yodo y nicotina—. Dentro de una semana estarás como nueva.

—¿Podré volver al hospital?

—Eso ya se verá —respondía sin comprender del todo la razón de su mal—. Lo que hace falta es levantarte cuanto antes.

Y ella a su vez, intentando no decepcionarle, prometía seguir fielmente sus consejos: pasear, comer, no volver a tomar nada que no viniera de sus manos. Día tras día, visita tras visita, fue olvidándose de sí para pensar en él; su corazón dejó de acelerar el paso y una mañana se despertó en el espejo de la alcoba como recién salida de un remoto sueño. Ni siquiera su rostro marchito la asustó, ni aquella flor sombría de sus labios morados, todo en ella parecía dispuesto a renacer camino de aquel hospital, por el sendero al sol un día convertido en cauce desolado.

VI

La lluvia duró meses enteros aquel año. De mañana, el camino hasta el hospital era un espejo encendido de cien soles, reflejo de la nieve que aún coronaba los rincones al norte de los pardos tejados.

Quizás por ello el laberinto de trincheras apenas se movió en lo alto; creció en sacos de tierra y casamatas grises a cuyas troneras se asomaban bocas de fuego silenciosas. Nuevos partes de guerra señalaban vagas victorias que el padre desmentía pero que reunían en la plaza mayor un torbellino de paisanos, refugiados en su mayoría. Aquellos hombres, algunos jubilados ya, sus mujeres, uniformes de distinto corte junto a banderas y altavoces, abarrotaban aceras y calzadas ante la casa consistorial donde ondeaba su bandera prometiendo un retorno inmediato a la capital, final de un viaje sin sentido por comedores de caridad. Por unos instantes, mientras los himnos de rigor retumbaban en el aire, respondiendo al clamor de las campanas, se olvidaba cualquier nostalgia o miedo, los trajes raídos, arreglados con tesón y maña, y algún que otro carnet escondido por si el curso de la guerra cambiaba. El casino y la catedral abrían sus puertas de par en par y en el mismo hospital enfermeras y heridos se apiñaban junto a la radio encendida en el cuerpo de guardia.

—¿Qué cayó hoy? —solía preguntar Pablo por la noche.

Y cuando Marta daba el nombre de la ciudad tomada, tantas veces repetido a lo largo del día, solía murmurar:

—Antes de Navidad, todos a casa.

No comprendía que ese final, anunciado semana tras semana, para Marta suponía un paso atrás, un volver a la vida anterior y, sobre todo, renunciar a sus noches de guardia. Pues el hospital, la ciudad entera con su eterno tremolar de banderas, no era nada para ella; sus dudas y esperanzas no alcanzaban más allá de aquellas horas solitarias, vecinas del rendir cuentas a la muerte que para algunos ya amanecía agazapada. Juntos, unidos, lejos de los demás sanitarios y familias, de médicos y hermanas, se deslizaban a lo largo de aquellas mismas salas que conoció de adolescente. Ahora faltaban Sonsoles y Carmen, aquella sor en alerta perpetua. O la superiora, lejana tras los cristales de sus gafas, transformadas en rimeros de sábanas, en cubos de sangrientos algodones, rebosando vendas y gasas, en perpetuas llamadas invocando nombres hasta volver oscuras las gargantas.

A veces sólo un vistazo para cubrir el rostro y dejar la cama libre; otras era preciso palpar cabeza y torso donde la muerte iba haciendo su nido; luego una taza de café y un rato de charla en el antiguo cuarto de la superiora, ahora colmado de archivos y frascos.

—¿Y tú qué piensas hacer? —solía preguntar Pablo.

—¿Cuándo?

—Cuando esto acabe. Supongo que os darán un diploma, un certificado, algo.

—¿Y para qué lo quiero? ¿Para volver a cuidar a la familia?

—¿Qué hay de malo en volver? Hasta ahora no te fue tan mal.

—Ni tan bien tampoco.

En realidad, mentía. Pablo tenía razón. Le gustaba compadecerse de sí misma, sobre todo cuando hablaba con él de un futuro que no acertaba a imaginar.

—¿Y en esta santa casa? —preguntaba con su media sonrisa, apurando de golpe el café de la taza.

—¿Aquí? —le miró casi ofendida.

—¿Por qué no?

—Porque en un hospital una mujer es poca cosa.

—Tú lo que tienes son demasiadas pretensiones.

—Lo que no quiero es acabar de comadrona.

—Mujer; no todo va a ser siempre empujar críos al mundo.

—¿Cómo va a ser, entonces?

—¿El qué? ¿Tu porvenir?

—La vida en general.

De pronto parecían descubrirse de niños en el jardín de Marta, acechándose entre hierbas y lirios.

—De todos modos, el tiempo siempre acaba decidiendo.

Pero el tiempo no decidió gran cosa aquella noche y tantas otras cargadas de palabras y rutina, de recuerdos velados y sonrisas a medias. Quizás los dos se conocían demasiado, puede que aquella infancia en común los hermanara ahora haciéndolos más tímidos y castos. Y sin embargo fue aquella misma infancia la que, noche tras noche, acabó con su silencio, sorprendiéndolos más allá de sus labios, que fundió en una las dos bocas.

—Cierra la puerta por lo menos.

Y cuando Pablo volvió, el lecho diminuto de las velas nocturnas pareció transformarse bajo sus manos sabias, acostumbradas a romper, herir, aceptadas sin batallar demasiado. Tan sólo herida ya, protestó:

—Eso no.

Pero era como en el jardín de sus sueños perdidos, un batallar por algo ya perdido de antemano, sentirlo derramarse bajo su corazón de tibios jaramagos.

Sobre la mesa de la superiora la luz del cielo ya venía alzando vagos rumores de pasillos.

—¿Tú crees que sabrán algo?

Pablo se la quedó mirando y, tras abrir la puerta, murmuró:

—Qué cosas se te ocurren ahora. No pienses más en ello. Ahora mismo nos vamos.

A su lado, segura y dolorida, volvió a casa para esperar en vano el sueño que sólo acudió ya bien entrada la mañana.

El camino del hospital se hizo de pronto menos hostil, más llano. Ya no tenía aquellos ojos acechando bajo sucios turbantes, ni la eterna mirada del padre, ni las de tantas otras compañeras, sanitarios y chóferes adivinando su secreto a voces. Ahora nada importaba salvo aquellas noches en que su amor crecía, más allá del clamor de los heridos que aquella guerra tan puntual enviaba quizás para hacer viva su presencia. Su amor se alzaba firme y callado como el mismo Pablo, de día rendido, de noche agazapado tras su taza de café, soñando.

Así un nuevo verano vino a cumplirse. Cayó de pronto sobre la ciudad como alud de gorriones, volviendo mudas sus murallas y calles. Incluso el hospital parecía más silencioso que antes.

—Te invito a comer —dijo Pablo un día.

—¿Por qué? ¿Qué celebramos?

—Nada en particular.

Mirándole a los ojos se preguntaba qué estaría pensando. Si algún día se cansaría de ella.

—¿Por qué voy a cansarme?, di.

—Tú sabrás. Tú sabes más que yo de estas cosas.

Pues según el verano avanzaba, su pasión la envolvía aun a costa de Pablo, a quien el tiempo vacío consumía. Era preciso alzarlo de sus propias cenizas, de su tedio que puntual le aguardaba en el patio desierto, en las camas alerta, cerradas en su mayoría. Aquella guerra en su principio hostil, los reunió ahora, más generosa, parecía reducirlos a su justa medida.

—¿Tú hermano no dice nada?

—Al menos, si se lo imagina, se lo calla. Y mi padre lo mismo. A veces me pregunta cómo van las cosas.

—Con el tiempo alguno se lo contará.

—¿Qué más da? Siempre dicen lo mismo de los hospitales. Sobre todo con la guerra por medio.

Quizás Pablo viera amenazas por todas partes, pero al menos en algo llevaba la razón. El tiempo decidió a la postre y una mañana el patio amaneció repleto de ambulancias. Quiso saber por qué cuando arriba en el monte trincheras y pinos seguían mudos como de costumbre.

—No lo sé —replicó la compañera—. Dicen que han roto el frente de Madrid. Se llevaron a unos cuantos anoche para montar otra unidad.

—¿Te acuerdas dónde?

—No tengo la menor idea —la compañera se encogió de hombros antes de despedirse apresurada—. Me lo dijeron pero se me olvidó. Mejor pregunta a alguno de los chóferes.

Fue preciso abrirse paso entre un corro de rostros dormidos, de ojos rojizos y cigarros.

—Ahora no quieren enfermeras.

No quiso insistir. Pablo sabría la verdad que quizás rozaba de cerca al hermano, al padre, al destino de toda la ciudad.

Pero Pablo no apareció. El tiempo había decidido. Seguramente se hallaba cerca de aquel pueblo sin nombre, taponando heridas, quién sabe si muerto o herido a su vez. Fue inútil intentar seguir tras él. Los conductores se negaban una y otra vez.

—Si por mí fuera, la llevaba, señorita, pero órdenes son órdenes.

—Es algo urgente, por favor.

—Hable usted con el jefe de sección.

Tan sólo consiguió promesas. Aquel jefe, más amable y distante le aseguró que en cuanto el frente se asentara él mismo pasaría a avisarla.

—Aunque espero —concluyó— que tenga noticias antes.

Era preciso no precipitarse buscando una razón a aquella huida de Pablo sin una carta, un recado, una llamada, como temiendo volver la mirada hacia atrás. Dejó de revisar el correo en el hospital; sólo un vistazo le era suficiente para correr a casa y comprobar que allí también el buzón seguía vacío, al contrario que las ambulancias llegadas, hora tras hora, desde el frente. Aquella carne azul y roja, mal cubierta con mantas para alejar la amenaza de las moscas, fue invadiendo de nuevo los pasillos y camas. A lo largo de una semana otra vez cuñas, llamadas y quejidos, volvieron a llenar las noches; luego aquel ciego río pareció ceder en una breve pausa.

VII

ENTONCES RECIBIÓ su esperado mensaje. No de Pablo, sino del hospital. Aquella misma noche partió junto a un puñado de adustas compañeras capaces de adivinar en cada resplandor del horizonte una aldea, un caserío desierto o el disparo de un mortero enemigo. Sus ojos se abrían paso en las tinieblas, más allá de los cristales; la más veterana sacó un paquete de cigarrillos rubios que ofreció a las otras y, tras encender uno, cerró los ojos reposando la cabeza sobre la piel malherida del coche. Era de las mayores; Marta la recordaba bien porque en el hospital fue la primera que se empeñó en llamarla «peque» («peque», pinzas, algodón, tensión, llama al médico de guardia). Todo aquello iba quedando atrás, en las tinieblas que poco a poco se estrechaban en curvas, en mezquinos taludes por donde un mar de rocas asomaba.

De improviso se encontró fuera del auto, navegando a solas por aquel valle de granito, devolviendo aquel maldito desayuno que nada más arrancar se revolvía en su interior.

—Eso pasa por viajar con el estómago vacío —murmuró una voz.

Bajo la luz opaca de la luna, el coche, inmóvil junto a la cuneta, parecía un mensajero hostil dispuesto a herirla donde más temía, donde las otras tal vez adivinaban, pues cuando, casi a rastras, consiguió volver a su asiento, un silencio total la envolvió apagando incluso el cigarrillo de la veterana.

Amanecía sobre un campo nuevo, sobre páramos cubiertos de carrascas y encinas. Cruzaron ante otro coche detenido. Mulos cargados de sueño y polvo iban quedando atrás, empujados al borde de la carretera por un alud de camiones, cada cual con su pesado cañón apuntando a las estrellas.

Poco después, de improviso también, vieron al chófer revolverse en su asiento y echar mano a la palanca del freno.

—¿Qué pasá? —preguntó la veterana.

El hombre no respondió, atento sólo a un fragor que venía de lejos.

—¡Vamos! ¡Fuera! ¡Todas a tierra; a la cuneta!

Cuando aquel vendaval de piernas y capas se echó disciplinado sobre cardos y grava, una oscura constelación de sombras fue a perderse en el cielo casi rozando las huellas de la caravana.

—¡Gracias a que eran nuestros! —clamó el conductor sacudiéndose el polvo—. Si no, aquí nos quedamos.

Un rosario de explosiones dio razón a lo lejos a sus palabras mientras el tráfico crecía en turbantes, legionarios y soldados del color de la tierra a los que el sol comenzaba a mojar las espaldas. Los campos sin sombra vibraban entre cauces secos según iban avanzando, máscaras de sudor y polvo se abrían sobre bruñidas cantimploras. Las vaguadas ardían, y cuando al fin aparecieron las primeras casas, murmuró el conductor:

—Menos mal. Ya llegamos.

Vino luego un puñado de muros junto a la iglesia

enorme a cuya sombra iba y venía un mar de cruces rojas. Dentro, sobre camillas y colchones, nuevos ojos se abrían hacia el cielo, mientras al fondo, contra la pared, un par de cirujanos luchaban sobre aquellos despojos que a pesar del calor temblaban como sauces rotos.

—Tú quédate aquí, ahora —ordenó a Marta la veterana—. Cualquier cosa que pidan me lo dices. Yo estoy fuera repartiendo a las otras.

Fue preciso esperar antes de preguntar por Pablo. Aquellos sanitarios sacados de otros hospitales no le conocían; sólo al fin uno respondió:

—Hace días estuvo por aquí. No sé dónde andará ahora. Han montado muchos puestos como éste.

De nuevo aquella angustia cada vez que la puerta se oscurecía con la llegada de una camilla más. La veterana iba distribuyendo en el umbral aquellos restos de vida, ordenándolos según su gravedad o devolviéndolos al sol tras un examen superficial y rápido. Por todas partes sangre, sobre muros que un día fueron blancos, a lo largo de rústicos altares, bañando el suelo de baldosas. Fue entonces cuando aquella náusea temida, dominada, volvió a alzarse dando con ella en tierra.

Un sanitario se apresuró a ayudarla.

—No es nada; es el calor.

—Sálgase un poco afuera. Allí estará mejor.

Sin embargo aquellas batas rojas de los cirujanos, las cuñas negras con su hedor insoportable, aquel continuo lamentarse, la perseguían afuera también. Todo aquel trasiego de cadáveres era distinto que allá en el hospital a la sombra de Pablo y las demás compañeras. Le pareció llevar ahora en su vientre algo vivo entre tantos despojos donde la vida no volvería jamás. Nuevas cadenas de explosiones, cada vez más cercanas, se sumaban al fuego de la luz; una nube de moscas y tropas se mantenía inmóvil sobre el pilón vacío de la fuente buscando algún rincón donde posar la boca. El mundo se borraba de nuevo en su interior cuando una sombra amiga vino a posarse sobre sus espaldas. Era la veterana.

. —¿Qué tal? ¿Cómo te encuentras? —preguntó con una punta de ironía—. ¿Mala otra vez?

—Ya se me va pasando.

—¿Por qué no vas a casa del alcalde? Allí no hay nadie. Te tumbas y esperas hasta que estés mejor. De lo demás me encargo yo.

Era como si aquella guerra no la tocara, ni la rozara siquiera, repartiendo, rezumando seguridad en torno, más allá de sus tranquilas órdenes.

—Vamos, ¿qué esperas?

—Ya se me pasará.

—Mira, hija; aquí nos sobran heroínas. Para eso están los hombres; de modo que no te hagas la valiente ahora.

No quedó más remedio que ceder. Desde el colchón de paja, entre restos de lo que un día fue alcoba, podía escuchar ráfagas de disparos, mezcladas con órdenes en las que siempre creía reconocer la voz de Pablo.

Intentó levantarse, frenar el cuarto en torno a sí, asomarse al balcón sobre la plaza. Fuera, en el cielo, un nuevo vendaval de oscuros pájaros avanzaba tronando, vomitando sobre los matorrales su carga de reflejos acerados. En un instante la explanada ante la iglesia quedó cruda, desnuda, imagen de la muerte, batida por un estrépito de muros que iban cayendo a tierra.

Y al pie de los escombros reconoció de pronto a Mario haciendo fotos a un grupo de soldados. Bajó como pudo la escalera y, ya junto a la iglesia, le alcanzó:

—¿Qué haces aquí?

Se la quedó mirando cegado aún por la pasada tolvanera. Luego, mostrándole su negra máquina, respondió en tanto se afanaba por cambiar el carrete.

—Ya ves; trabajar si me dejan —aguzó el oído como temiendo una lejana respuesta—. ¿Trajeron a tu hermano también?

—No lo sé. Acabo de llegar esta mañana.

—Ya. Dejaron medio hospital vacío.

A Marta le pareció distinto ahora, lejos del casino, vestido de polvo y sudor, con aquella absurda máquina. De todos modos bajó la voz al preguntar:

—¿Tan mal andan las cosas?

Y Mario miró en torno, aunque esta vez los disparos llegaban desde el horizonte.

—Ni ellos mismos lo saben.

Ante la iglesia convertida en hospital, ambos se detuvieron.

—¿Es aquí donde estás?

Nuevas fotos y un apretón de manos.

—Hasta la vista y cuídate. Estás más delgada.

—Será el trabajo —trató de sonreír.

—Eso debe de ser.

Tampoco él parecía demasiado seguro bajo aquel sol capaz de avasallar muros y plantas.

—¿Hasta la vista, entonces?

—Hasta siempre.

VIII

ANTES DE QUE LA GUERRA comenzara, cada vez que el hermano tardaba en regresar a casa, el padre a duras penas conseguía dormir. Marta solía hallarle en los pasillos o con la eterna radio encendida a su lado.

—¿Ha vuelto? —preguntaba, inquieto.

—Me parece que no.

—¿Estás segura? ¿Dónde andará a estas horas?

—¿Dónde quieres que esté? Con los amigos.

—Un día volverá con la cabeza rota.

A Marta tales retornos no la preocupaban tanto como su nueva camisa y sus negras botas, que el mismo padre criticaba, aunque más tarde, ante sus pocos amigos, defendiera al hijo.

—Son cosas de la edad, de los tiempos que corren. Ya se le pasará.

—Mejor que no —murmuró un compañero de tertulia—. Tal como van las cosas a lo mejor el remedio está en manos de los jóvenes.

—No es ésa mi opinión.

—Puede que un día su hijo se la recuerde.

El padre, confundido, callaba en su sillón, viendo pasar más allá de cortinas y cristales un tiempo que no llegaba a entender ni siquiera a través de los partes diarios.

—¿Para qué escuchas esas radios? —protestaba el hijo—. Lo que necesitamos es hacer más y razonar menos.

—¿Hacer qué?

—Por lo pronto, cortar las alas a unos cuantos. ¿Tengo o no tengo razón?

—Tú sabrás.

Marta también sabía que a la noche, en el último tren de Madrid, llegaban nuevos amigos del hermano, dispuestos como él a sacar a la ciudad de su eterno letargo. Mas seguía aferrada a su jardín amigo, prolongado a la tarde en sesiones de cine inevitables. En el vestíbulo dorado, disfrazado de negro y blanco como la nueva moda, se demoraban todas en hostiles vistazos y comentarios antes de que los timbres anunciaran el comienzo de la sesión. Luego, en la oscuridad, se dejaban llevar por historias repetidas siempre, por actores con que soñar, amar, inventar fantasías, comparándolos con los amigos de su edad. La salida era el mejor momento para pasar revista a todos, aquellos que como Mario o el mismo Pablo se acercaban envueltos en el humo azulado de sus cigarrillos.

—¿Dónde vais este año?

—Al mar, a casa de mis tíos. ¿Y vosotras?

—Como siempre, a la finca, me parece. Mi padre no quiere oír hablar de salir desde que estuvo malo.

—Sí que habéis tenido mala suerte.

Vagos desdenes, patéticas llamadas cruzaban por el aire cargadas de mensajes en tanto la fachada iba quedando en sombras. Aún se escuchaba una voz postrera preguntando:

—¿Sabéis cómo se llevan este verano los trajes de baño?

Y la privilegiada dejaba descender la mano, a medias entre la cintura y la rodilla.

Fue en uno de aquellos retornos cuando supo que aquel verano no saldrían ni siquiera a la finca.

—¿Por qué?

—Están las cosas revueltas en Madrid —respondió el padre—. Veremos cómo acaban aquí.

Así empezó la guerra para ella, aquella noche hostil cargada ahora de nuevos rumores en el cielo con la llegada de los aviadores.

Fue preciso encender hogueras para indicar dónde debían aterrizar, desde donde partir para sembrar su carga más allá del laberinto de trincheras. Sacos de tierra, grandes vigas de establos y corrales saltaban por los aires a ambos lados, revueltos con oscuros brazos, compañeros de rostros que nunca más verían aquel sol arrebatados por un aluvión de coches y ambulancias, camino del hospital de urgencia.

En tanto se acercaba el médico, se convirtió en rutina pasar revista a los heridos, tratando de adivinar el destino venidero.

—Éstos son los que llegaron hoy. Los de ayer eran todos regulares.

—Dicen que han roto el frente.

—Tonterías. Los legionarios saben batirse el cobre como nadie.

—Y los de enfrente, ¿qué?

—Ésos también, pero no vayas a soltarlo por ahí.

—A éstos se ve que los cazaron de pardillos.

—Cállate; ahí viene el oficial.

—Dicen que no hay reservas, que van a dar orden de echar para atrás.

—¿Quieres callarte? Eso esta noche se verá.

Miraban las estrellas como intentando huir de la miseria y el polvo para al final cuadrarse torpemente.

—¿Hay muchos hoy? —preguntó el cirujano.

—Los de siempre, mi capitán. Alguno ya no le necesita.

—Le veremos la cara por lo menos.

Viéndole entrar, Marta y la veterana prepararon la mesa improvisada de operaciones.

—¿No hay nadie aquí para echar una mano?

—Están montando otro puesto de socorro un poco más arriba. El que había, anoche lo volaron.

Todo el día se lo pasó Marta en busca de noticias, desde las camas a los lavaderos, cargando ropa y medicinas, con el oído atento, bajo el eterno zumbido de las moscas. Ya no se contentaba con hundir solamente la mirada en aquellos montones de tierra roja, acribillada, sobre rostros anónimos, en busca siempre de una blanca mancha. Era necio, se decía, buscar a Pablo entre aquellas ruinas, en aquellas salas capaces de mezclar toda la soledad del mundo con el hedor insoportable de las heces. Pablo no volvería más. Era inútil temblar, cerrar los ojos, vigilar las lágrimas, cada vez que una nueva ambulancia aparecía, cuando tras levantar la sucia manta un rostro anónimo cerraba los ojos, huyendo de la luz del día.

En vano buscaba un hueco en el cárdeno mapa donde seguir el duro curso de nocturnos asaltos o las bajas de la feroz disentería. Los nervios afloraban, los ojos se volvían rojos por el polvo que a unos pocos kilómetros, a veces a unos pasos, transformaba esfuerzo y sangre en simple carne anónima.

—Estos heridos son de bayoneta. Se ve que andamos mal de munición —murmuraban los de las camillas.

Llegó un momento en el que fue preciso habilitar más camas en los alrededores, ayudar a los más graves con una cura de urgencia y una simple inyección.

—Pronto vendrá el relevo —intentaba animar la veterana—. Una semana en casa no nos vendrá mal. Hasta las moscas van a echarnos de menos.

Mas a pesar de sus palabras, una bala perdida remató aquella misma noche a un herido mientras le operaban, segando de paso los dedos del cirujano.

—¿Qué hacemos ahora? —preguntó Marta en tanto le hacían la primera cura.

—Vete corriendo a buscar otro —ordenó—. Si encuentras antes a un oficial, dile cómo estamos.

Fue preciso preguntar a un conductor que se ofreció a llevarla. Al volver encontró a la veterana en el quirófano. Intentó explicar que ya el relevo venía de camino, pero le fue imposible terminar. Aquellos dedos que tantas veces vio en torno a un cigarrillo, sujetaban ahora un muñón sangrante, pendiente de un puñado de tendones.

—Dame un cuchillo, ¡vamos! No te quedes mirando. —Y antes de que obedeciera, volvía a la carga—. ¿Tenemos morfina? Si no, trae para acá el coñac.

La vio verterlo en sus propios labios, luego en los del herido para, poco a poco, como quien lleva la lección bien aprendida, cortar aquel sangrante haz de nervios rotos.

—Ahora prepara un torniquete.

Marta obedeció ya con el mundo girando alrededor de sus ojos. El mar quebrado de baldosas rotas vino a su encuentro sin dejarle sentir su golpe junto a aquel despojo que parecía esperar el cubo de los celadores.

IX

CUANDO POR FIN ABRIÓ LOS OJOS aferrándose a la vida, sintió sobre su cuerpo otros que la observaban desde la penumbra, en una sala que no conocía.

—¿Cómo te encuentras? —preguntaron.

No pudo responder. Aún el cuerpo no la obedecía haciéndole sentir un vacío doloroso bajo la mancha blanca de las sábanas. Paso a paso, unas suaves manos nacidas bajo la escasa luz que de afuera llegaba la iban palpando toda, desde el golpe en la frente hasta los pies hinchados, comparando a cada instante latidos y senderos de la piel con los que una enfermera leía en alta voz a sus espaldas.

—Mañana ya, nos levantamos —dijo por fin la voz, y en tanto Marta asentía, añadió aún—: Hay que estirar esas piernas un poco.

Poco a poco también, las manos huían borradas por las duras arrugas blancas, al tiempo que iba surgiendo un rostro cuya barba hablaba de muchas horas en pie a fuerza, como todos, de café y tabaco.

Y, junto a él, pendiente de su voz y su gesto, descubrió a Pablo.

—¿Cómo va esa fiebre? —preguntaba al médico.

—Poca cosa —respondía el otro tras consultar con la mirada a la enfermera—. Dentro de nada la mandamos a casa. Le vamos a retirar el suero.

Y al compás de la aguja, según la enfermera recogía el racimo de gomas, Marta, tentando su secreto oscuro, comprendió que ya no estaba allí, en su vientre.

—Es un amigo —explicó Pablo, refiriéndose al médico que ya se alejaba. Luego, más sombrío, los dos a solas, añadió—: Está arreglado todo. Lo que no me explico es cómo has podido aguantar esa hemorragia.

Su voz era menos tranquila ahora. Seguramente recelaba de los otros, de su presencia allí, de aquellas blancas tocas que llenaban con su cruzar apresurado los pasillos de aquel nuevo hospital.

—¿Por qué no lo dijiste?— insistió y, sin dejarla contestar, él mismo respondió—: Tienes razón. No tuve tiempo siquiera de ponerte unas líneas. Ya sabes cómo es esto.

—Y tú ¿cómo diste conmigo? —preguntó a su vez Marta.

—Pura casualidad.

Volvió a tentarse los brazos, las piernas doloridas.

—No te preocupes. Quedarás bien, normal. —Y ya camino de la puerta—: Mañana vuelvo; si tengo un rato libre podemos dar un paseo por ahí.

Al día siguiente la vida renacía a su lado por caminos empedrados a medias, entre niños más flacos que galgos. Muy de mañana bajaban hasta el mercado donde cada cual trataba de vender desde el alma a la piel.

Legionarios tatuados, gente de escapulario y devoción se daban cita allí ofreciendo peinetas, radios, cruces, alguna antigua bicicleta botín de una guerra vecina y modesta. Bajo un cielo encendido cruzaban mujeres de oscuras cicatrices y pecho hundido sobre sucios encajes, sanitarios, camilleros y enfermeras de recio paso abriéndose camino entre perros y niños.

Para Marta el mejor era aquel que llevaba a orillas de un mezquino río, pariente pobre del que bañaba su ciudad.

—¿Tú crees que volveremos algún día; que esto se acabará?

—Todas las guerras terminan. Lo importante es saber dónde van a pillarte a la hora de la paz porque la vida nunca se repite.

—¿Qué vida?

—La nuestra, por ejemplo. Cualquiera sabe dónde acabaremos.

De improviso le sentía lejano como sus palabras, como su amor reducido a unos pocos encuentros furtivos. Ni siquiera sentía aquel vacío repentino de su huida, ni tedio, ni rencor, sino un deseo de escapar, más allá de reproches y lágrimas.

Cuando Pablo lo supo, la advirtió:

—Ten cuidado. No estás tan fuerte como crees.

—No te preocupes; me acostumbraré.

—Un día paso a verte con mi amigo. Puede echarte un vistazo si quieres. Nunca viene mal.

Marta no supo si se refería a su herida del frente o a aquella otra pequeña muerte tejida entre los dos, con temor y dolor, seguramente conocida de todos. Razón de más para escapar aunque las piernas temblaran a veces.

—Tómate esto antes de cada comida. Si se te acaban pides más.

Había tomado su magro paquete y, tras un beso tibio, subió al coche donde otras enfermeras esperaban.

—Cuando quiera nos vamos —dijo al chófer a punto de arrancar.

Le vio perderse atrás menos seguro que antes, con su bata manchada de polvo, bajo la luz tremenda que del cielo caía.

De vuelta, aquel camino desconocido hasta el hospital de urgencia le pareció más breve que su vida, un páramo sombrío arado por mujeres tras la huella de algún mulo escuálido.

—A ése una noche le echarán el lazo —comentó el conductor, sonriente—. Todavía puede hacer buen caldo.

—¿Tan mal andan las cosas?

—Ni mal ni bien. Dentro de un rato lo verá —lanzó una ojeada al retrovisor—. Eso si antes no nos alcanzan.

No se engañaba; ya a lo lejos una nueva bandada de pájaros brillantes esparcía relámpagos de llamas. Viéndolos, puñados de sombras se ocultaban ciegas, humilladas, hundidas como el puesto de socorro que apareció tras el último recodo.

—Ya estamos; ¿dónde quiere que pare?

Le señaló la iglesia y, a pesar del bochorno, sintió su corazón más firme cuando se presentó a la jefa de zona.

—¿Qué tal las vacaciones?

—Ya estoy bien del todo.

—No dirás que echaste de menos esto.

—Tanto como eso no.

—Vienes que ni caída del cielo. Se me pusieron malas otras dos y ya andaba buscando donde echar mano a otra.

—Pues aquí estoy.

—Ya te veo. No parece que te trataran muy bien. Te noto más floja. Vente conmigo. Y trátame de tú, no empieces otra vez.

A la noche, un rumor desconocido vino a sembrar la alarma en los heridos.

—¡Ya vuelven otra vez! —gritó una voz, seguida como de costumbre de otras aún más amargas.

—¿Dónde está esa enfermera? ¡Sáquenos de aquí!

Fue preciso tenerlos a raya, rogar, gritar también, encerrar las tinieblas en una espera hostil y silenciosa, vigilando senderos y vaguadas bajo la luz incierta de la luna. Allí llegaban, sobre sus cadenas, como nacidos de la tierra, descargando sus relámpagos de fuego contra tejados y balcones, arrasando a su paso laberintos de carne corrompida, parapetos y sacos.

Desde una esquina abierta al campo, un nuevo retumbar se alzó multiplicando sus fulgores repetidos desde lomas vecinas hasta encender toda la noche. Marta, junto a la sacristía, oyó a la veterana murmurar:

—Esta noche la guerra se decide.

—¿Qué guerra?

—Esta noche sabremos si son capaces de pasar.

Ahora, sin su corona de humo a flor de boca, sin la brasa de su cigarrillo, parecía una enfermera más. Por un instante aquel sordo deslizar de cadenas llegó a sonar tan cerca que pareció rozar los muros. Un silencio total llenó la oscuridad para después alzarse en nubes de humo, en un hedor a fuego y grasa que hizo saltar de las camas a los heridos.

—¡Nos abrasan! ¡Aquí no se salva nadie!

Fue necesario devolverlos entre las sábanas, amenazar, cerrar la salida con la sombra de un oficial buscado a toda prisa por la veterana.

—¿Quién grita aquí? —blandió en el aire su pistola—. De aquí no sale nadie. Al primero que se mueva, lo mato.

Poco a poco, sumisos, volvieron a sus camas; fuera

ardían dos carros armados, uno de ellos apuntando al horizonte, con sus hombres tendidos, uno de bruces sobre las cadenas, otro de espaldas sobre la torreta.

—Pelean bien —murmuró el oficial ante la veterana—, pero fallan los mandos. Al paso que van se quedan sin hombres.

El tiempo le dio la razón. Según pasaba aquel mes eterno y riguroso, crecían los camposantos. Aquellos cerros bajos, apenas una sombra a mediodía, se iban poblando, uno tras otro, de improvisadas cruces, de terribles fosas que, más allá de la vida, separaban todavía a los dos bandos. Ya la plaza, abierta a todos los vientos, mostraba al cielo sólo muñones de ladrillos, vigas resecas y sedientos adobes. Lo que quedaba de la maciza torre cayó a tierra una noche y fue preciso trasladar el puesto de socorro hasta un circo de tiendas y lonas, alzado más a retaguardia. Quedó el pueblo desbaratado y raso, víctima de aquel continuo batallar que sin embargo renacía en los escombros cada vez que el alba recelosa anunciaba a lo lejos una nueva mañana.

Y como una ironía, sobre tanto hombre muerto, sólo llegó a quedar en pie el viejo cementerio con sus muertos civiles y un puñado de encinas cenicientas, quién sabe si esperando o temiendo su suerte.

A veces, como venidas de otro mundo, Marta veía surgir vagas siluetas buscando amparo, sombras de un solo pie, fantasmas temerosos intentando dejar entre las jaras restos de uniformes.

—Esto se acaba —murmuraba la veterana—. Me parece que al otro lado tocan retirada.

Como el alba o la noche, los días se acallaron también; la escuadrilla de brillantes pájaros dejó de aparecer, abandonando su camino a los grajos y a algún que otro pelotón de enterradores.

—¿Cuántos habrán caído? —preguntaba alguno a veces con la pala al hombro.

—Unos cuantos.

—¿Y cuántos quedarán?

—Según de qué bando. Dos o tres mil. Puede que más. Aquí los siento yo —se tentaba los riñones.

Por vez primera desde que cambiaron el puesto de socorro, se alzaba sobre el polvo el latido intermitente de los grillos. Una brisa caliente llegaba arrastrando pavesas, algodones, tiras blancas de gasa. Sintiéndola, Marta se preguntaba dónde estaría Pablo ahora; quizás dormido o acechando el alba que ya se alzaba alumbrando senderos, barriendo tras sí tinieblas y recuerdos. Aquella prometida visita no llegaba a cumplirse. La distancia era poca, los días menos apretados y sin embargo su presencia huía cada vez que a la noche intentaba evocarla al compás de las horas.

—¿Qué sucede? ¿Otra mala noche?

El cigarrillo de la veterana alumbraba las tinieblas de pronto.

—Es el calor. ¡Si refrescara un poco!

—Ya pasará, no te preocupes; lo mismo que los años; lo malo es dejar que se te echen encima lavando heridas de los otros.

Viendo huir en lo alto las estrellas, Marta pensaba que tenía razón. Era inútil intentar perdurar a la sombra de Pablo, reconocerse en él, sufrir, amar, más allá de aquel aliento súbito que parecía transformar las cosas en el amargo cerco de sus brazos.

X

EL CIELO SE TOMÓ UN RESPIRO, el frente se estabilizó
según anunciaba la radio, y la guerra, apagada de im-
provisto, fue a posarse más al norte, lejos de aquellos
surcos tan duramente castigados. Quedó la tierra en
torno atormentada y amarilla como la cara de la luna,
que anunciaba tormentas pasajeras. Sobre senderos
de despojos y cruces de madera, descargaban las nubes
ahora una lluvia pesada que al menos ayudaba a res-
pirar, a olvidar el bochorno del día. El primer hospital
plantó sus tiendas más atrás, al borde mismo de la
carretera donde un retén de coches repartía sin prisas
medicinas y heridos. Sobre la tierra llana y silenciosa
fueron abriendo el vientre al sol una hilera de grandes
cobertizos entre bosques de alambre. Después una bandada de aquellos pájaros brillantes vino a posarse ante
ellos y la llanura pareció renacer en un nuevo latir de
motores y voces. Ahora que los permisos no faltaban,
era más fácil para Marta volver de cuando en cuando
a la ciudad, charlar con Sonsoles, pasear bajo los soportales, comprobar la precaria salud del padre o buscar
al hermano en algún salón perdido, eternamente rodeado de oficiales como Mario.

—Sin máquina pareces otro —comentaba de buen humor el hermano.

—Ahora sigo la guerra desde el aire. Se ve mejor. Y sobre todo más cómodo. Tengo buenos amigos pilotos. Italianos casi todos.

—Es cosa de parientes, vamos.

—Me convencieron de que dejara la fotografía.

—¿Y qué les mandas?

—Crónicas. Cosas del frente que puedan interesar.

Los tres daban vuelta a la plaza donde la guerra se prolongaba a la sombra de banderas marchitas, en una larga espera, preludio de un otoño más.

Ahora, con el frente en calma, la ciudad se envolvía en sí misma, se encerraba cada vez que un nuevo convoy la cruzaba para perderse lejos, entre pesadas tolvaneras.

Cada nueva victoria, cualquier amago de derrota, contaban sólo en el afán de los refugiados, condenados a vivir en ella hasta su final, era tan sólo un desfilar de tropa ante el balcón de siempre y un despedirse eterno hasta al día siguiente.

Quien no volvió por la ciudad fue Pablo. Resultaron inútiles las ojeadas de Marta al buzón del correo en casa o en el hospital. Allá en el nuevo campo de cieno y polvo, ante los hangares, a veces coincidía con él, casi siempre ante extraños. Sus palabras entonces sonaban vacías, convertidas en un rumor mecánico como el de aquellos pájaros siempre dispuestos a volar.

—¿Qué tal ese permiso? ¿Sabes quién anda por aquí?

Palabras, apellidos, grados iban jalonando un camino poblado de hastío, cuando no de temido desengaño.

—¿Y tu padre? ¿Aún anda con sus libros?

Al menos él se entretenía así a pesar de sus años. En ellos debía de encontrar la razón de su vida, como en los muros de la antigua aljama o en el cementerio sacado a la luz tan cerca de la casa. Quizá bajo su manto de rosados espinos durmieron algún día antepasados suyos de los que tan orgulloso se sentía; quizás allí fueron a parar tantos despojos de procesos famosos. Como entonces —afirmaba—, la mejor solución consistía en saber esperar, no buscarse enemigos, sino negociar. A fin de cuentas las desdichas de aquel pueblo elegido vinieron siempre de su pasión por conseguir privilegios, su desdén por el campo, su apego a la ciudad. Pero un nuevo enemigo llegó, paso a paso, a romper aquella espera calculada, aquel silencio roto sólo ante los hijos. Más peligroso por nacer más vecino, se alzó desde aquellas mismas páginas que tantas veces le sirvieron de consuelo y descanso. Día a día se iba abriendo camino en su interior donde autos de fe, persecuciones y linajes de sangre comenzaron a enfrentarse.

Fue el hermano el primero en notarlo en sus visitas habituales. Un nuevo afán, desconocido antes, parecía bullir en la cabeza del padre.

—¿Qué le pasa? —preguntó a Marta señalando hacia el jardín.

—Que yo sepa lo de siempre: nada.

—Antes, al menos, discutía; ahora ni eso siquiera.

—Ya se le pasará.

En un principio Marta no le dio demasiada importancia a aquel nuevo silencio, hasta que cierta noche le despertó el murmullo de una voz. Pensó en la radio. Quizá se hubiera dormido dejándola encendida, pero pronto vio que se equivocaba. Vivo y ardiente, en medio del salón, parecía dirigirse a una asamblea invisible.

Fue preciso despertarle poco a poco, hablarle, convencerle, llevarle a la cama. Sin embargo, a la mañana siguiente, volvió con su recado la criada.

—No quiere comer.

—¿Le ha dicho qué hora es?

—Dice que no tiene gana.

Hubo de nuevo que subir a regañarle, servirle, con la seguridad de que hasta el próximo permiso aquel ayuno volvería a repetirse. No era sólo desdén por la comida, sino desinterés por un mundo que se alejaba poco a poco. Aquel corral desenterrado al pie de la muralla parecía llamarlo desde su eternidad, desde su oculto mar de huesos rotos. Apenas alzaba la voz, su caminar, inquieto antes, se hizo lento y pesado; sólo sus ojos parecían acechar breves visiones, lejanos paraísos. No volvió a proyectar viajes para cuando la guerra terminara. «Envejecer es renunciar», murmuraba a menudo, y acabó renunciando definitivamente a Fez y Orán donde aún quedaban vagos parientes. Ahora familias y ciudades, paisanos de Belén y de Mallorca debían de reñir batallas dentro de su mente luchando por medrar, remar contra corriente o simplemente escapar de una de tantas guerras parecidas a aquella que pretendía ignorar. Era inútil hablarle sino de su vieja fe, ni siquiera obligarle a coger el teléfono.

—Te llaman del Círculo. ¿Qué digo? —preguntaba Marta.

—Di que no estoy.

—Es que preguntan si estás malo.

—Di que estoy bien, que he salido a estirar las piernas un rato.

Y era preciso responder en un tono de voz apropiado, a fin de que ninguno, adivinando la verdad, se presentara de improviso a visitarlo.

—Eso es un disparate —clamaba el hermano—. Si sigue así no llega a Navidad.

Pero llegó una nueva Navidad, nuevos permisos que en nada cambiaron el orden de las cosas.

La sierra amaneció una mañana blanca y azul, vecina de las nubes; luego la nieve fue cayendo primero como polvo de lluvia, luego más mansamente, hasta cubrir del todo la llanura desde los viejos puentes hasta los arrabales. El río se heló en los remansos. La carretera sucia se adivinaba a ratos en torno a la catedral, sobre la que sonaba el acorde solemne de los grajos. Los chicos se perseguían por las esquinas, lanzándose bolas de nieve como bombas de mano, se fingían heridos, en tanto los mayores se defendían del frío con mantas y capotes. Todo un muestrario de pasamontañas, rudimentarios pantalones, botas y guantes salió de los armarios, inundando las calles donde las heladas se aguantaban mejor que en el frío interior de las húmedas casas. Hileras de braseros con su modesta chimenea trataban de transformar en brasas su carbón de madera, y hasta en el hospital fue necesario mantener abiertos los grifos para evitar que estallara la red de cañerías.

Ahora pocos heridos bajaban del frente; tan sólo algún centinela con los pies congelados, colgando como negros gajos que a la postre era preciso cercenar sin que una sola gota de sangre manchara la mesa de operaciones.

Cada cual como pudo se preparó a festejar aquella nueva Navidad y hasta el Casino anunció su acostumbrado baile con uvas de las doce.

Allí estaban los músicos de siempre, medio tapados por la bandera nacional, y abajo, en la pista, también los trajes y vestidos de siempre, transformados, vueltos a coser, más cortos o más largos, pero habituales ya, dispuestos a durar tanto como la misma guerra. Por allí andaban Sonsoles y las demás amigas, felices de dejar, una noche siquiera, sus labores. Sábanas, mantas, calcetines quedaban a un lado, abriendo paso a un año de ilusiones, entre estampidos de champán barato descorchado por todos los rincones.

Y allí estaba también Mario, esta vez con las botas brillantes y el uniforme limpio de medallas.

—Mi hermano tiene ya unas cuantas —dijo Marta.

—En la guerra, como en la vida —replicó—, el verdadero mérito está en hacer las cosas y quedar en la sombra.

—Muy modesto estás tú.

Más que modesto parecía impaciente; le recordaba aquel alud de alféreces que inundó el frente en sus primeros días de enfermera. Quizá por ello preguntó:

—Entonces ¿por qué firmas esas crónicas?

—No creas que me gustan siempre. Menos mal que mis amigos italianos me han pedido un servicio.

—Eso estará mejor, ¿no?

—Sobre todo para el porvenir.

Marta se le quedó mirando, dudando, como abierta a una luz apenas descubierta y ya escondida.

—¿Por qué no vienes conmigo? Sólo es ir y volver; un día y una noche. Total, aquí hay poco que hacer ahora —y viéndola dudar, insistía—: Vamos, anímate, mujer.

En un instante parecía cambiado, dispuesto a poner a sus pies un paraíso de nubes capaz de borrar el recuerdo de Pablo. Quizás aquel nuevo año cambiara su destino, un tiempo apenas iniciado a los compases de encendidos pasodobles.

Poco a poco los cerrados escotes cedían al envite

apurado que iba ganando los mejores rincones, los sofás más apartados, el hueco helado de los solemnes miradores. Cálidos tangos arrastraban consigo promesas y esperanzas, valses a media luz recordaban modelos imperiales aprendidos en largas horas de cine y, para terminar, como adiós y cauce de pasión permitido por una sola noche, la conga con su carga de abrazos, roces, dando salida a un frenesí apurado de hombreras caídas, medias revueltas y zapatos perdidos. Una noche para recordar a lo largo de muchas otras noches, para vivir ante el espejo, bajo el edredón, camino de misa o en la plaza mayor, siempre añorando tiempos pasados y mejores.

A la vuelta de otra parecida, Marta encontró al hermano esperándola. En el salón, a la imprecisa luz de un cigarrillo, le confundió al principio con el padre.

—¡Ah! Eres tú —murmuró reconociéndole—. ¿Qué haces despierto todavía?

—Nada. Estaba pensando. ¿Estás cansada?

—Un poco.

Se le veía con ganas de charla y Marta, resignada, dispuesta a escucharle, se ofreció a hacer café.

—No, déjalo, estoy con esto. —Alzó en su mano una copa de coñac—. Además, tengo que madrugar mañana.

—Yo también.

Quedaron ambos en silencio. De afuera llegaban rumores del jardín; la brisa acariciando los rosales, la voz cambiante del eterno río. Pareció que el hermano se iba a alejar también, pero de pronto preguntó:

—¿Ya sabes la noticia?

Marta pensó que la guerra, perdida o ganada, estaba a punto de acabar.

—¿Qué noticia?

—Que Pablo se pasó.

En un principio no entendió bien del todo. Se le quedó mirando y a su vez preguntó:

—¿Que se ha pasado? ¿Al otro lado?

—Eso me han dicho. Al otro bando. ¿No estaba en el frente contigo?

—Le vi unas cuantas veces; pero siempre normal, ¿quién iba a adivinar que andaba pensando en una cosa así?

Por un instante, viendo ante ella al hermano se preguntó si Pablo tendría razón, si alguien, al fin, le habría contado sus furtivos encuentros, su amor precipitado.

—De todos modos, cuanto más lejos se haya ido, mejor.

Como salida de un mal sueño, Marta respiró tranquila. Se sintió de nuevo a la vez confiada y segura. Si ésa era la razón de su presencia allí a aquella hora, tan sólo conocía la mitad de la verdad. Tanto le daba ahora que Pablo se hallara a un lado u otro del frente, si después de todo no volvería a verlo más.

—Sólo quiero una cosa —murmuró la otra voz en la penumbra—: encontrármelo cara a cara el día que esto termine.

—¿Para qué?

Tan sólo respondió por él la mano junto al cinturón buscando aquel nido de siniestros resplandores.

—Anda, vamos a hacer ese café.

Las razones del padre, el navegar vacío de los meses, aquella jefa de sector segura y eficiente en los momentos peores, el hedor de la sangre fluyendo sobre la mesa de operaciones hacían nacer en ella una sombra de nueva indiferencia, un poso amargo donde enterrar pasiones y esperanzas.

A este lado o al otro del frente, Pablo ya no contaba, había huido mucho antes y era inútil lamentarlo ahora frente al hermano que nada entendía, ante una taza de café que mal podía levantar sus ánimos.

—Me apuesto lo que quieras a que ése acaba mal.

Las palabras sonaban a revancha infantil. Marta estuvo a punto de reír, pero temió avivar aún más la ira del hermano. De todos modos, respondió:

—Eso depende de quien gane.

El hermano se la quedó mirando.

—En la guerra siempre pierden los cobardes.

No lo serían todos al otro lado. Además, también los que cambiaban de bando cada noche se jugaban la vida, mucho más que vegetando, fingiendo en las trincheras, disparándose en un dedo del pie aun a sabiendas del riesgo que corrían. Pablo no era tan necio como para acabar ante uno de aquellos tribunales capaces de decidir su suerte enviándole a un batallón de castigo donde la muerte llegaba no en un relámpago brillante, sino muy lentamente, en el zumbido súbito de una bala perdida. Su cobardía venía de otro frente que el hermano nunca podría imaginar, de sus dudas constantes y su estéril egoísmo tan agradable para sí como difícil para los demás. Aquella razón fundamental y poderosa nunca llegaría hasta aquellos oídos aturdidos, ante aquellos ojos cerrados a medias, soñando venganzas, capaces de reducirlo todo, amor, muerte y dolor, a una pura cuestión personal que al parecer con él vivía todavía.

—¿Por qué no lo dejáis? —le había preguntado Marta.

—¿El qué?

—Todo. Ese afán de enfrentaros, de pediros cuentas cada vez que os encontráis. El día que esto termine, tan amigos como siempre.

—Eso se creen algunos. —El hermano apuró del todo

su coñac—. Lo de amigos, hasta cierto punto. Hay que poner a cada cual en su sitio.

Cerró tras sí la puerta, camino de su cuarto. En el jardín ya amanecía.

XI

EL COCHE SE DETUVO a la sombra del campanario de-
rruido. Camilleros y chóferes apenas se apartaron cuando Mario, abriéndose paso, buscó a Marta en la sala
de urgencias, desierta desde meses atrás. Fue preguntando de rincón en rincón, de toca en toca, hasta encontrarla en los antiguos corrales convertidos en taller
de lavado.

—Oye —susurró una vez fuera—. Hoy me voy a Mallorca a ver a mi primo. ¿Por qué no te animas?

—¿Qué primo?

—¿Cuál va a ser? El de Italia. Le mandó su periódico
para hacer un servicio y se ha quedado en Palma. Fíjate
si es listo.

—Tendría que pedir permiso.

—Hasta el domingo sólo; ya te dije.

Fue a lavarse las manos y, en tanto las secaba,
respondió:

—Un momento; voy a hablar con la jefa de sección.

—Date prisa que mis amigos no esperan.

La veterana alzó los ojos desde un mar de vendajes.

—De modo que quieres dejarnos otra vez. ¿Cuánto
hace de tu último permiso?

—No lo recuerdo bien. Un mes.

Marta vio danzar un relámpago en sus labios antes de comentar apartando el cigarrillo:

—Es lo que tiene de malo andar todo el día con los brazos cruzados. El cuerpo pide baile.

—¿Qué hago? ¿Me voy o no?

—Vete, mujer —suspiró—. Pero el lunes quiero verte aquí. No me faltes.

—¿Le fallé alguna vez?

—Eso es verdad también. —Y viéndola alejarse, aún le recomendó—: ¡No te olvides del pase!

—No me olvido, descuide.

En tanto preparaba su escaso equipaje, se preguntó qué pensarían los amigos de Mario viéndole llegar, pero su sobresalto duró poco. Allá en la pista, junto a los hangares, otras dos mujeres esperaban cerca del aparato.

—Son periodistas —explicó Mario vagamente.

Los soldados de tierra apartaron los calzos de las ruedas y con un empujón a las hélices pronto vibraron los motores apuntando al cielo.

El grupo se estiró en el interior y, tras cerrar la puerta, aquel leve vagón de paredes brillantes fue ganando el centro de la pista. Cuando el zumbido llegó al máximo, una de las mujeres se santiguó en silencio, las ruedas comenzaron a saltar sobre las grietas de cemento roto y a poco una leve sensación de mecerse en el aire llevó a Marta a mirar más allá de los cristales. Abajo, campos y trincheras eran sólo una mancha cárdena, un cuerpo abierto a medias sobre los verdes haces que señalaban el camino de los ríos.

Desde lo alto, la guerra era sólo un montón de ruinas, nacido de pronto, entre osamentas de abandonados camiones. En tanto los pilotos atendían la ruta en su cabina, Marta se entretenía averiguando la verdadera identidad de sus acompañantes, sentadas, como todos en el interior, frente a frente. Un oficial, solícito, se acercó a ellas con un minúsculo paquete de bombones. Las dos aceptaron de buen grado, incluso Marta tampoco rechazó aquel sabor amargo a menta y chocolate.

—Son para no marearse —rió Mario a su lado—. ¿Qué tal vas? ¿Es tu bautismo del aire? No te quejarás. Con un día como éste, ni siquiera se mueve.

Lanzó a su vez una mirada a la fila frontera. El sol se alzaba bañando el interior, revelando un tibio mar de faldas hasta la rodilla, de piernas relucientes en sus medias de seda.

Mario hablaba con las dos compañeras para después volverse y traducir:

—Les he dicho que tú también eres periodista. Les ha extrañado mucho. No sabían que aquí hubiera mujeres dedicadas a eso salvo para la moda y cosas así.

—Yo también me entero ahora.

—Les di a entender que trabajas en la radio. Hay muchas locutoras.

Tanto daba; ahora, escuchando las mentiras de Mario, se decía que no hubiera estado mal hacer la guerra así, lejos de tanta sangre y polvo, cerca de aquel rumor de seda cada vez que las piernas se cruzaban en los asientos de enfrente. Quizás su vida, su destino estaban allí, al alcance de su mano, escondidos, dispuestos a revelarse no entre cuerpos heridos y sanitarios pálidos, sino cerca de Mario.

Y como dando forma a tales pensamientos, el mar se abría de pronto bajo las alas plateadas, en jirones de una tierra desnuda, disfrazada de costas. El rumor de los motores se hacía más suave y blando; dejaba atrás vagos remansos, peladas rocas, bosques de pinos y caseríos blancos antes de zambullirse en la otra luz de bronce cada vez que el sol se borraba en lo alto. Poco a poco, la sombra de dos islas menores surgía junto a la grande, brotada de pinos.

—Ya llegamos —murmuró Mario a su oído—. Un poco más y aterrizamos.

Fue sencillo. Se notaba que los pilotos conocían bien el camino. La única novedad consistió en un lento deslizarse, bordeando la isla, sus bosques apretados, sus norias y molinos, antes de ir a parar al pie de unos hangares parecidos a los recién alzados junto al hospital. Un autobús llegó a recogerlos. A su paso fue Marta conociendo un paseo cerca del cual el mar rompía junto a la muralla entre un batir constante de gaviotas bajo las puntas afiladas de la vecina catedral. Un laberinto de terrazas y bares alumbraba sombras de uniforme, marinos y muchachas. A no ser por unas cuantas siluetas grises, por el tráfico constante de la tropa, Marta hubiera creído que aquél era un lugar de paz, ajeno al hospital lejano ahora. Pinos, sillares, portales oscuros se parecían a los de su ciudad; sólo les separaba aquel mar amigo, reluciente, salpicado a lo lejos de barcas diminutas. Su horizonte no se cerraba en nuevos frentes, se abría a una desconocida libertad según el autobús iba apartando palmeras y jardines.

—Aquí es. Dame tu maletín.

Se habían detenido. Viendo en lo alto la muestra del hotel, sintió aquel vago temor de tantas heroínas en las sesiones de cines de tarde. Le pareció que pisar el umbral era como pasar al otro lado, dejar atrás a Sonsoles y las demás amigas con sus amores realizados a medias. Incluso el hospital se borraba en el paseo de fuera, en el ir y venir de coches oficiales, en aquel viento suave que la empujaba tras la sombra de Mario.

Después, seguirle resultó más fácil. Sobre todo oyéndole pedir, ante el mostrador diminuto, un par de habitaciones.

—Voy a ver si localizo a mi primo —explicó entregándole la llave. Lanzó después una ojeada en torno y añadió—: Para una noche no está mal. En seguida pasamos a buscarte.

A solas, la habitación le pareció a Marta más pequeña y vieja, como su maletín abierto sobre la cama demasiado estrecha. En la colcha de flores, bajo la tenue luz de la mesilla de noche, otra vez la guerra renacía. Intentando olvidarla, abrió de par en par la ventana a un bosque de palmeras que la empujó a abandonar aquellos muebles ateridos, su propia imagen nacida del invierno pocas horas antes y el camisón escondido como una sombra de pecado bajo el amparo blanco de la almohada.

Mario llegó puntual con el primo y otro amigo de uniforme que, tras hacer parar un coche, murmuró:

—Hoy os invito yo. —Y como Mario protestaba, añadió terminante—: Mañana, si quieres, corres con los gastos.

En tanto el mar se escondía entre los pinos, iban quedando atrás abismos blancos a la sombra de olivos centenarios. Ante uno de ellos, bajo la parra enorme que cubría la fachada, en torno de una mesa improvisada iba y venía el vino de la tierra, pescados cuyo nombre Marta nunca oyó y pasteles de almendra.

—Es lo bueno que tiene hacer la guerra aquí —comentó el oficial encendiendo un cigarro—. Por la mañana estás en pleno zafarrancho; luego todo termina y en un par de horas puedes estar de vuelta en el mismo bar. No es mala vida, no, casi tan buena como la de periodista.

—No siempre —respondió el primo de Mario—. Al menos los marinos pueden disparar donde quieren.

—Donde nos dejan, querrás decir.

Y al compás de su voz, una mano discreta iba llenando vaso tras vaso hasta dejar vacía la botella.

La brisa que desde el mar subía arrastraba un aroma especial a jardín escondido sobre la mesa donde los hombres acabaron charlando sobre el destino de la guerra. Hasta que el primo, viendo a Marta perdida en aquel laberinto de nombres, cifras y noticias, cortó en seco la conversación:

—Marta se aburre —advirtió en su español casi perfecto.

—No; de veras que no —protestó Marta.

—Tiene razón. Ya está bien de sermones —asintió el oficial.

Y de nuevo rodaban, esta vez remontando acantilados rojos azotados por corrientes de espuma. El mar en torno huía, hervía, ante casas cargadas de escudos y olivos tan viejos como el mundo.

—Allí, en ésa —explicó el oficial deteniendo el automóvil—, vivió hace un siglo el archiduque.

—No se trataba mal.

—Pues no habéis visto lo mejor.

Abajo, donde el mar rompía, se alzaba rutilante un templete de mármol ante la mancha roja del sol que cubría el horizonte de rojo.

—¿Esto también era suyo?

—Fue un hombre de lujo en cuestión de mujeres, de caprichos. Vivió con una aquí cerca de veinte años.

—Eso no es un capricho —respondió Mario—, eso ya es puro vicio.

—Pues no llegaron a casarse nunca. ¿Queréis ver la casa?

—Yo sí —pidió al punto Marta.

—Vamos a ver si están los guardas.

Abrió una anciana soñolienta. Allí en la sala principal, convertida en museo, el barbudo señor de la casa devolvió la mirada a los intrusos desde un desvanecido daguerrotipo. Su imagen de levita con el pecho al aire, cubierto de tatuajes, abrumaba desde los rincones por todo el salón abierto al mar.

—Y ella ¿no está? —preguntó Marta.

La guardesa pareció despertar y en aquel laberinto de recuerdos señaló una fotografía macilenta. Bajo un sombrero de alas inmensas, dos ojos vivos aún parecían acechar vagos olivos sobre calas secretas. Llamaba la atención su vestido aldeano en el que apenas asomaban un par de blancas manos bajo una frente altiva y a la vez pequeña.

—Era de un pueblo de aquí al lado —repitió la anciana—. Vivieron juntos muchos años.

Luego, a unos pasos, vino la inesperada decepción de un segundo retrato en el que un busto demasiado grande y unos brazos rollizos posaban en el vecino templete de mármol.

El resto de la tarde se les fue en recorrer pasillos, nuevas habitaciones, hasta llegar a la alcoba principal con su imponente lecho de madera.

—Se ve que al archiduque le gustaba el amor cómodo —comentó el primo.

—Di mejor a lo grande —repuso el oficial—. Dicen que les hicieron esta cama especial. En las corrientes no había modo de hacer bien las cosas.

Según reían, camino de la costa, la ciudad se revelaba a pesar de las sombras. Aún se mecía en la negra orilla la oscura silueta de los barcos en alerta perpetua, como grandes cetáceos. Mas, a pesar de sus cañones, jardines y murallas parecían tan ajenos a aquella guerra dejada atrás a la mañana como las gaviotas y sus eternos giros entre el mar y la tierra. Marinos y soldados servían de escolta a bandadas de muchachas no lejos de la afilada catedral. Viéndolas, sentía Marta un aliento de vida difícil de explicar, una nueva esperanza más allá de la brisa que azotaba la tierra. Todo recuerdo sombrío, temeroso, incluso la obligación de volver al hospital al día siguiente, se olvidaba viendo los nuevos bares llenos a rebosar, una vez traspasadas sus puertas.

—Hay uno que no cierra en toda la noche —anunció el oficial.

—Yo tengo que madrugar mañana —se excusó el primo.

—¿Seguro que no puedes quedarte un día más?

—Seguro.

Se habían despedido entre besos repartidos con generosidad y promesas de volverse a encontrar en Roma o mejor en Venecia.

—Allí vivimos ahora. En el Lido. A ver cuándo os acercáis.

Cuando se perdió camino del hotel, Mario preguntó a Marta:

—¿Qué te parece? ¿A que es simpático?

—Para una tarde no está mal.

Y en tanto cruzaban bajo la marquesina, se encontraron con las dos compañeras de viaje. El oficial debía de conocerlas de antes porque, tomándolas del brazo, se las llevó consigo.

La fiesta duró hasta pasada media noche. A veces el amigo de Mario se empeñaba en bailar con las dos. Poco a poco, aquel fondo de color cambiante que animaba el cristal de la copa de Mario se fue alzando al compás de sus manos, interrumpido sólo por la llegada del amigo y las dos pasajeras, dispuestas a seguir aquella guerra particular en la que cada cual buscaba la más vecina boca. Nunca llegó a recordar Marta cuántos otros bares, copas, tibios divanes jalonaron su vuelta camino del hotel, rumbo a la estrecha cama; tan sólo aquel nuevo amor crispado y doloroso luchando con el alcohol aún.

—¿Me quieres un poco?

No contestó. Así eran de orgullosos los hombres. Recordó a Pablo preguntándose dónde estaría el verdadero amor capaz de alejar para siempre aquella ingrata sensación de quedar en el umbral, eternamente a solas.

Recordaba su despertar con la cabeza yerta, el café quemando el paladar, la impaciencia de Mario hasta alcanzar el avión a punto de arrancar para el viaje de vuelta. Después, hundirse en un vacío parecido al sueño, posada la cabeza en su hombro.

—¿Qué tal?

—Regular nada más.

—Antes de una hora, en casa —murmuró a su oído.

Era inútil hablar a media voz; ahora el interior aparecía vacío. Mario ya abría uno de sus eternos periódicos cuando le vio volverse pálido. Más arriba, en lo alto, como nacidos del resplandor del sol, tres diminutos pájaros se acercaban como mudos relámpagos.

En un instante el interior pareció hundirse, vacilar, y en tanto se abrazaba a él, rodaban por el suelo correo y medicinas. Esta vez le sintió más cercano que a la noche, podía escuchar su corazón latiendo ante el mismo temor, cara a una muerte capaz de unirles definitivamente. Un repentino crepitar rasgó el silencio en torno dejando tras sí su huella en el costado y los asientos traseros.

—De buena nos libramos —murmuró Mario.

Y aunque el rumor de los motores no le dejó entender sus palabras, Marta se dijo que, a pesar de todo, su suerte mejoraba. Ya ganaban altura buscando refugio entre las nubes.

Y así, en sus brazos, sobre valles cárdenos, pronto alcanzaron los hangares donde ya los estaban esperando.

XII

Ahora los meses venían cargados de señales que cada cual interpretaba a su manera, desde la veterana hasta el último sanitario. El tiempo se iba en revistas inútiles, en la aventura de los permisos fáciles con que aliviar el tedio y la rutina. Las ambulancias inmóviles, las camas desnudas, las vitrinas cargadas de instrumental descansaban dormidas en los barracones. Sólo el clamor de los motores en los hangares vecinos señalaba cada mañana un día más con sus vuelos puntuales. La guerra sobre aquel páramo de ruinas no volvería más; lo adivinaban incluso las golondrinas, el palpitar de los olivos a la noche y los bosques de cruces en torno a los que nadie volvería a cavar.

Según los plazos se cumplían, planes, proyectos, modos de enmascarar un tiempo muerto se iban haciendo viejos. Era preciso renovarlos, esconderlos de sí y de los demás. El mismo Mario, tan enterado en ocasiones, tenía que inventar vagas noticias con que llenar al menos unas líneas. Era inútil charlar con los pilotos para volverse de vacío maldiciendo sus aburridas crónicas. Hasta que cierto día llegó a sus oídos una confusa historia de la capital donde ya se luchaba.

—Entonces ¿ya cayó Madrid?

—No del todo. Ahora pelean ellos entre sí, pero es cosa de poco.

Así pues, de nuevo esperar entre aquellas maltrechas ruinas en las que, como muestra de que la vida proseguía, apareció cierto día un gramófono, tal vez botín de guerra o traído desde la ciudad para animar las noches bajo los cielos de lona. Durante las mañanas nadie parecía escucharlo, pero mediada la tarde un aluvión de enfermeras y oficiales surgía en torno del rimero de discos.

Pronto nacieron a su vez cervezas y licores, botellas de coñac guardadas para ocasiones semejantes, y aquel antiguo refugio de cuerpos heridos quedó a la postre convertido en baile donde no faltaron los pilotos vecinos.

Fue necesario ampliar el recinto, organizar aquella fiesta perenne alzada sobre el tedio y la esperanza, buscar nuevos discos que, repetidos hora tras hora, hacían bostezar a la veterana.

—¿No te animas? —intentaba sacarla algún amigo oficial.

—Yo ya bailé lo mío —respondía apurando su ginebra—. Además, me reservo para la próxima.

—Si quieres te pido un charlestón. Tenemos para todos los gustos.

—Digo para la próxima guerra.

—¿No has tenido bastante con ésta?

Hablaban como de algo definitivamente cancelado ya, como si aquellos días de coñac y gramófono celebraran la paz tanto tiempo esperada, para volver a la vida verdadera.

Quizás por ello algunos la temían, como Mario, que junto a Marta parecía resuelto a no volver a casa.

—Yo allí ni muerto. Yo me quedo en Madrid.

—¿De qué?

—De lo que sea. Algo saldrá.

—¿Y si no sale?

—Pues me largo a Berlín o a Venecia con mi primo. Ése sí que sabe vivir. Tenías que ver su chalé del Lido.

Marta callaba. Se veía a su vez de nuevo en el jardín; todo lo más en aquel hospital donde un día se presentó a conocer el mundo más allá de los pinos. Se imaginaba de vuelta, entre Sonsoles y Carmen. Seguir a Mario, en cambio, no suponía acabar tan mal, siempre que la familia no se empeñara en retenerlo.

—Allí estaba yo —le confesó una tarde, señalando una hilera de balcones mezquinos— llevando cuentas con mi hermano mayor. Si no llegan a movilizarme, ahora sería un buen contable —rompió a reír entre nervioso y tímido.

Ahora en cambio parecía decidido. Tal vez la guerra le hubiera cambiado como a aquellos pilotos y enfermeras que, con el baile suspendido, abrían paso a un sanitario cargado de emoción y polvo. En un instante el gramófono callaba a su vez y mandos de todas clases se apiñaban en torno del recién llegado.

—¿Cómo lo sabes? ¿Quién lo ha dicho?

—Será un bulo de tantos.

—Es verdad, mi teniente. No tiene más que poner la radio.

La fiesta toda, en avalancha, fue a detenerse ante la tienda de la veterana. En su interior una voz conocida y monótona se alzaba dando fe de la noticia que hizo estallar a todos en nuevos vítores y lágrimas. Ahora sí; la suerte estaba definitivamente echada de aquel lado, entre abrazos frenéticos, brindis y cantos. Marta y Mario se abrazaban también, cada cual con su tibia esperanza dejándose arrastrar por un destino común, menos incierto que en noches anteriores.

Cuando el día siguiente amaneció para la mayoría, ya el sol andaba a mitad de camino. Como siempre fue la veterana la primera en alzarse.

—Vamos, arriba. Ya está bien.

—¿Qué prisa hay hoy?

—Hoy no, pero mañana, sí. Hay que dejar limpio todo.

Fue preciso lavar las ambulancias, recoger las tiendas y formar como en los días de la última ofensiva.

—Todo esto ¿a santo de qué?

—Para entrar en Madrid.

Sólo entonces supieron adónde se dirigían. Sobre la caravana haces de nubes bajas descargaban ráfagas de lluvia que en los vecinos caseríos parecían querer borrar huellas de sangre y humo, restos de metralla. Del interior surgían a veces, con los brazos en alto, sombras de rostros con la barba crecida, clamando por un poco de comida, un cantero de pan que alguno les lanzaba al paso.

Marta, entre el chófer y la veterana, limpiando a duras penas el cristal, se preguntaba cómo sería aquel Madrid tan disputado, tan sólo conocido de la mano del padre, cuando niña.

—No te preocupes —murmuraba la compañera a su lado—, por mucho que la lluvia nos retrase, allí estará esperándonos.

—Y que lo diga —vino la voz del chófer—. Esta vez no se escapa.

De pronto, más allá de las últimas ruinas fue surgiendo, borrada a medias por el agua, la silueta maltrecha de la capital.

—Ahí está; ahí lo tenemos —señaló el chófer intentando abrirse paso entre los otros coches, adelantando nuevas columnas que a duras penas se afanaban en el lodo.

Los trechos mejores parecían hervir bajo el paso interminable de las botas, de las ruedas cubiertas de un espeso fango.

—¡Mira que si después de tanto esperar nos quedamos aquí! —se lamentaba el conductor, luchando a golpe de volante.

—No será tanto —respondía la veterana.

Al otro lado del río la caravana se detuvo.

—¿Qué pasa ahora?

Un soldado trataba de ordenar el tráfico, apartando en diversas direcciones parque y tropa. Fue necesario obedecer, torcer, dejar a un lado la turbia corriente y alcanzar un bloque de torres desgarradas y macizas.

—¿Y esto es la capital? —preguntó desencantado el chófer.

No era la capital sino sus arrabales, que Marta conoció años atrás. De aquellos pabellones recién terminados sólo quedaban jirones de ventanas, sacos terreros, puertas reventadas.

—Ahí, un día, vendrás a estudiar tú —había dicho el padre entonces.

Recordaba un pabellón recién concluido de cristal y ladrillos, y la única verdad que aprendía ahora en aquel nido de muerte y barro era su propia vocación nunca aceptada y a la postre perdida como aquella ciudad distinta, alzada al otro lado de las ruinas.

Volver en cambio a casa ahora, con la guerra concluida, cruzar la calle silenciosa, suponía algo más que acudir a la sombra de un padre hundido para siempre en el jardín amargo de sus sueños perdidos; era aceptar, resignarse, intentar animarle hablando de un Madrid macerado, sombrío, de sus balcones adornados súbitamente para un desfile triunfal, interminable.

Mas aquella ciudad, nacida de los relatos de los chóferes, del mismo Mario que no quiso perderse el epílogo final, bien se veía que le interesaba poco. Sólo su rostro se alzó para preguntar:

—¿Y el café? ¿Se salvó?

—¿Qué café?

—Ese que hace chaflán, frente a palacio.

Marta de pronto comprendió que se trataba de su rincón de citas, fin de trayecto de sus viajes lejanos a Madrid. Recordando las alusiones de Sonsoles, respondió:

—Está igual. No lo bombardearon. Se salvó todo el barrio.

—Tiene cortinas a la entrada y un sofá corrido al fondo. ¿No te acuerdas?

—Claro que me acuerdo —siguió mintiendo Marta—. Una vez me llevaste de niña.

—Cruzas la calle y hay una casa con miradores.

Era preciso seguir aquel itinerario cargado de pasión aún, franquear el portal con la imaginación, tomar el ascensor, para acabar en los brazos de aquella mujer que de buen grado hubiera conocido.

—El portal es de roble —se obstinaba la voz monótona a su lado— y el ascensor tiene un asiento tapizado.

Mas tantos pormenores importaban poco a Marta, que se preguntaba, una y otra vez, cómo sería ahora aquella amante durante tanto tiempo recordada. ¿Habría muerto o viviría como él, en torno a sus secretos amores?

Nunca llegó a saberlo, ni siquiera en el entierro del padre, donde pensó encontrarla al fin. En vez de ella llegaron vagos amigos desde Fez o Tánger, empeñados en buscar manos sabias capaces de lavar el cadáver y preparar el ataúd de modo que quedara rodeado solamente de tierra, una vez concluida la ceremonia.

A todo ello se opuso el hermano de modo tajante. Según explicó luego, no estaban las cosas para tales detalles. El padre acabó en el cementerio civil y Marta esperó en vano durante aquella tarde, y otras más, la visita postrera de un recuerdo amable que el tiempo, menos piadoso aún, se encargó de borrar.

XIII

CON EL FIN DE LA GUERRA la ciudad comenzó a vaciarse, según en la estación los trenes iban dejando atrás promesas de volver envueltas en ráfagas de abrazos. Columnas de pesados camiones se perdían carretera adelante. Hileras de soldados cambiaban botas, ropa, tratando de aliviar su camino a lomos de cañones enfundados. La ciudad parecía desangrarse por sus cuatro costados. Vecina de la plaza, su catedral siguió marcando el compás de unas horas tan marchitas como las banderas tras las lluvias primeras. Incluso se borraron las colas de turbantes ante los lupanares.

Poco a poco, unos a plena luz, otros de noche, entre el temor y el sobresalto, cada cual fue volviendo de su escondite a casa, algunos sólo para caer en manos de improvisados jueces. Otra vez los disparos llenaban las noches seguidos del habitual susurro de motores que Marta conocía bien, a fuerza de escuchar al hermano ya sin pistola al cinto, mas con la muerte a flor de boca.

—Ahora es cuando empezamos de verdad —solía alzar la voz en cada despedida—. Ahora es preciso limpiar casa por casa.

Mario, en cambio, luchaba por quedarse en Madrid,

anclado en algún periódico de los que por entonces volvían a abrir sus páginas. Pero su tiempo, según contaba, se le iba en un vagar constante, en continuas visitas a redacciones y despachos donde trabajos y favores giraban, como el sol, en círculos cerrados a los que resultaba inútil asomarse.

—A este paso —se lamentaba— un día cojo mis bártulos y me voy.

Cuando supo que una segunda guerra había dividido en dos a Europa y que Italia participaba en ella, creyó llegado su momento.

—Ahora, con mi experiencia de corresponsal y sabiendo italiano, algún periódico me llamará, seguro que me mandan allí

—¿Adónde? —preguntaba Marta.

—No sé. A Roma o a Venecia. Tú ¿adónde quieres ir?

—Me da igual, con tal de que nos saquen de Madrid.

Y era sólo una verdad a medias, pues aun tratando de borrar aquellos días de café y amor en la modesta pensión de una Gran Vía que luchaba por volver a la vida, rechazaba una segunda guerra tras tantos meses de frente presentes en la memoria todavía.

Así el tiempo pasaba; para Mario en mal pagadas crónicas, en resúmenes de prensa, en visitas que de nada servían; para Marta en un amor de encuentros breves, de sábanas anónimas en aquel cuarto que la veía salir humillada, sombría.

—Podemos ir a tu casa —propuso Mario un día—. Ahora que vives sola, nadie se va a enterar.

—Allí se saben estas cosas al día siguiente.

Así la espera fue acumulando en su curso monótono tardes interminables en cafés que comenzaban a despojarse de espejos y divanes, en cines cada vez más lujosos y grandes, en vueltas por Navidad para encontrarse en el mismo círculo donde esperar o hacer el amor había llegado a convertirse en rito.

Marta se preguntaba si el suyo por Mario no sería a la postre un reflejo, una sombra de su vieja pasión por Pablo, difícil de borrar a lo largo de aquellos tres monótonos años. Pues fueron tres las Navidades en las que tuvo que volver a la ciudad, a aquellos mismos soportales, para fingir un porvenir mejor con el que convencer a las amigas y a los padres de Mario.

El tiempo en cambio se les iba en un constante ir y venir de la ciudad a un Madrid alzado sobre avales, colas de pan, denuncias y recomendaciones. Marta a veces temía que su mismo origen y apellido anduvieran por medio tras el entierro civil del padre, haciendo fracasar la aventura de Mario, aquel vago porvenir que, según él, la nueva guerra, universal ahora, parecía dispuesta a depararle. Mas pensándolo bien, desechaba tales preocupaciones; no era cuestión de raza o de color, sino más bien, como siempre, de buscar alguien que le empujara hacia adelante. Antes ya había aceptado a Mario en el jardín de su casa. El amor en su alcoba aún con la sombra de la madre rondando desde espejos y retratos, era distinto de aquel otro en la pensión de Madrid cada vez más insoportable.

Una noche, mientras se vestían, sonó la llave del portal, abajo.

—Es mi hermano —murmuró Marta—, date prisa.

Pero el hermano no los vio o al menos fingió no verlos cuando se cruzaron con él en la oscura escalera. Fue derecho a su alcoba y Marta, recordando su actitud con Pablo en otra noche mucho más inocente, se dio cuenta de qué veloz pasaba el tiempo y cuánto más perderían aún si no buscaba un urgente remedio.

Así, cediendo por segunda vez, dejando a un lado

la profunda aversión que en ella desataba aquella nueva guerra, decidió hablar con él.

—¿Con quién? ¿Con tu hermano? ¿Y qué tiene que ver él con la prensa?

—Siempre conocerá a alguien. A la postre todo depende de unos pocos.

—Ahora —replicó Mario, pensativo— las cosas en Italia ya no van como antes.

—Entonces ¿qué hago? ¿Voy a verle o no?

Y Mario, en un esfuerzo por salir de su duda constante, decidió:

—Pásate a verle. Después de todo, si esa guerra va como todos dicen, el final puede que sea más generoso que en la nuestra.

No debía de esperar gran cosa de su gestión, pero como a la misma Marta le asustaba volver a su ciudad desierta ahora como en tiempos de niños. Los dos temían el paso de las horas, más allá de un noviazgo interminable, a la sombra de la catedral ante aquel velador crispado por el sol del verano, helado en Navidad como un lago de cristales.

Y sin embargo aquella misma plaza se le abrió una mañana ante una Marta feliz que sentándose a su lado murmuraba:

—Ayer hablé con él.

—¿Qué dijo?

—Lo traigo aquí apuntado todo.

Marta sacó del bolso un papel arrugado que le ofreció sobre la mesa.

—Dice que te pases a verle —respondió—. Ahí tienes la dirección. Él suele estar a mediodía. ¿Sabes dónde es?

—Me parece que sí.

En Madrid la antigua fe en sí mismo, su orgullo

tantas veces a salvo en ocasiones, aún tuvo que aguantar hasta que finalmente el hermano apareció. Apartándose de un grupo de uniformes, le tendió la mano sobre el penúltimo vermut.

—Estuve hablando con Marta el otro día. A ver qué podemos hacer con vosotros.

Y sin dejarle pagar, ni responder siquiera, tras un vago saludo a sus acompañantes, se lo llevó avenida adelante.

En su despacho se le notaba satisfecho, entre retratos con el brazo en alto, al otro lado de su mesa imponente cargada de teléfonos. Invitó a Mario a sentarse, murmurando:

—Me vas a disculpar si voy derecho al grano pero, en Madrid, el tiempo se va sin que te enteres. ¿Tú qué quieres? Vamos a ver.

Mario se encogió de hombros.

—Trabajar.

—¿En qué?

—En lo que sea.

El hermano se echó a reír entre hostil y amistoso, dejándose caer sobre el respaldo de cuero.

—Perdona, chico, pero ese puesto está por inventar todavía. ¿Tú no eres periodista?

Mario asintió con un ademán.

—Se supone que estás dispuesto a colaborar con nosotros. Quiero decir a escribir lo que se te mande.

—Depende de las condiciones.

El rostro del hermano se oscureció un instante.

—¿Qué condiciones?

—Económicas, se entiende.

—Eso está mejor —respondió el otro—. Después de todo, tú siempre has sido de los nuestros.

—Hice la guerra, ¿no?

—Sí, ya recuerdo que mandabas cosas desde el frente. A ti lo que te iría es un puesto de corresponsal.

Pensativo, tomó el teléfono y pidió:

—Carmen, ponme con Prensa.

Al otro lado del hilo pronto surgió una voz, correspondida con saludos y promesa de comer juntos algún día, lejos de ceremonias oficiales. El tiempo corría más allá de los amplios ventanales entre guardias ordenando el tráfico y humildes puestos de mercado negro ofreciendo tabaco ante las escaleras del Metro más próximo. En el despacho, de cuando en cuando, alguna secretaria de uniforme asomaba a la puerta; escuchaba por unos instantes; luego, impaciente, desaparecía.

—Sí, ya lo sé... —murmuraba el hermano—. ¿Censura? ¿Qué tengo yo que ver con la censura? No te llamo por eso... por la agencia, claro. ¿Cómo andáis de corresponsales? ¿Mal? Tampoco es para tanto. Italia no es África... A ver qué hacen los yanquis. Además tenemos a Rommel. —Una nueva pausa y respondía otra vez—: Claro que habla italiano... tiene media familia allí.

Nuevo coloquio y a la postre la cordial despedida rematada con un «a tus órdenes siempre». Colgó el teléfono y, tras un silencio, comunicó a Mario:

—Bueno. Ya has oído: a lo mejor hay suerte y te mandan a Italia. ¿No es lo que tú querías?

—La verdad; no sé qué decir.

—Es una agencia de noticias que quieren montar. Veremos qué resulta. Como tú has hecho crónicas de guerra, para ti va a ser coser y cantar. Ya se te avisará.

Mario le dio las gracias, le recordó la vieja amistad de la ciudad y el frente. Ya la puerta se abría, cuando la voz del hermano le detuvo:

—Y esa boda, ¿para cuándo?

Su nuevo tono le hizo volver de pronto a la realidad.

—No lo sabemos —dudó—, estábamos esperando.

—Pues ya no tenéis que esperar más. No pensarás dejar a Marta aquí. Este trabajo tuyo puede serviros de viaje de novios. Si hace falta yo corro con los gastos.

De pronto entendió Mario la razón de aquel afán precipitado. Quizás alguien le había contado sus encuentros con Marta, aunque no era preciso; debía de sospecharlos.

Mario, pensando en ella, estrechó la mano que encerraba su porvenir. Poco importaba la opinión de los demás; sólo cumplir con su futuro cuñado, obedecerle en todo y unirse ante el altar para partir, gracias a aquella agencia fantasmal de la que dependía su destino, rumbo a Génova.

Días antes de la boda quiso Marta volver a la finca del padre con Sonsoles y Carmen.

—¡Ni que quisieras despedirte! Total, dentro de un mes estás de vuelta.

—¿Quién lo dice? Depende de cómo vayan las cosas.

Carmen ya por entonces había conocido a un hombre de negocios que, viudo y todo, se empeñaba en llevarla a América del Sur. Sonsoles en cambio prefería quedarse en la ciudad esperando a que al fin se decidiera alguno de aquellos amigos que la guerra perdonó. Mientras tanto, allí estaban las dos con ella, ante las camas que acogieron veranos de su juventud, noches revueltas, convertidas en redes oxidadas, en rincones sucios de la antigua alcoba. Una bandada de gorriones surgió de la cochera abandonada donde una vieja tartana mostraba al aire su delgada osamenta.

—¿Te acuerdas de aquel día que te empeñaste en conducirla?

—Recuerdo la que armó mi padre.

—Si no es por Pablo, nos matamos. —El sol ya se escondía en su·lecho de robles—. ¿Sabes dónde anda ahora?

—Ni idea. Seguro que en Méjico.

—El mejor día aparece por aquí.

Carmen no comprendía que Pablo había muerto en el río fugaz de su memoria. Era inútil intentar resucitarlo como aquel mundo en torno, pensando en aquel barco que, semanas más tarde, la llevaría mar adelante junto a Mario.

Segunda parte

XIV

GÉNOVA, A MEDIODÍA, recordó a Marta su primera aventura con Mario, aunque aquel nuevo puerto, de muelles densos y apretados, se pareciera poco a la isla cubierta de pinos tal como se descubría desde lo alto. El mar sí que era el mismo, tan rutilante, abriendo paso al barco que muy lentamente fue a detenerse vecino a tierra firme. En el muelle, defendido del sol, alzando sin cesar el brazo, Mario no tardó en descubrir a su primo.

—Ya te dije que vendría a buscarnos —exclamó satisfecho.

—¿Y su mujer? ¿Cuál es?

En vano paseó la mirada más allá de la aduana.

—Puede que esté en el coche.

—No tienen. Al menos no tenían. ¿No te acuerdas?

Y Marta recordaba a los dos primos en Venecia ante una hilera de infinitas casetas, entre el añil del cielo y la calima, ante un mundo de satén y muselina que se agrupaba en torno de sombrillas y raquetas de tenis, los dos con su calzón de baño recién estrenado, iguales en todo, no como ahora, con Mario de paisano. El primo de Venecia, en cambio, sudando bajo el sol, parecía una caricatura de sí mismo en tanto señalaba el camino de la aduana vecina.

—Por aquí, por favor —ordenaba, haciendo gala como siempre de su buen español.

—¿Qué tal marchan las cosas? —preguntó Mario.

—Los aliados ya están en Sicilia —luego, cortés, se volvía hacia Marta—. Perdona. ¿Qué tal la boda? ¿Por fin os decidisteis?

—Mario encontró trabajo de corresponsal.

—Enhorabuena, aquí no faltan temas que tratar, lo difícil es saber cómo se dice; saber si estás autorizado o no.

—Lo mismo que allí entonces.

Como evitando hablar de su trabajo, de nuevo se volvió hacia Marta.

—¿Es la primera vez que vienes a Italia? Rosa se encargará de enseñártela, suponiendo que encuentre cupones de bencina.

—¿Qué tal está? —preguntó Mario.

—Ya la conoces —se encogió de hombros—, ella es de las que siempre estuvo en contra de la guerra y ahora con más razón. Iba a venir pero tiene que sacar la casa adelante, y entre la radio y la cocina se le va el tiempo sin pensar.

Marta pensaba en cambio que era como volver a un tiempo ya casi olvidado. La misma radio, aunque en lengua distinta, hablaría de victorias y derrotas, de lejanas batallas y ciudades perdidas. Era la misma guerra que los dos creyeron dejar a sus espaldas más allá del mar.

Sin embargo, a pesar del semblante preocupado del primo, atento a los dos lados de la carretera, a la postre enfilaron sin novedad las cuestas de Piacenza, escogiendo una carretera secundaria.

Se preguntó qué temía, mas prefirió callar. Sólo les

salió al paso la silueta de una abadía colgada de los montes donde cavaban viejos y mujeres.

—Ésos no pasan hambre —murmuró el primo.

—Los hombres ¿dónde están? —preguntó Marta.

El primo abarcó el mundo con su brazo.

—Por todas partes —respondió—; en Córcega, en Grecia, en la misma Alemania.

No había demasiada emoción en sus palabras sino un velo de melancolía que chocaba con el interés de Mario.

—¿Y la prensa? —volvió a preguntar.

—¿La prensa? —le miró sorprendido—. Más o menos igual. Últimamente ha cambiado un poco, pero siempre al servicio del Duce, aunque esto no sea Alemania. De aquí no se fue nadie; desde un principio quedamos todos: los de la vieja guardia y los más jóvenes.

Marta estuvo a punto de preguntar a cuál de los dos grupos pertenecía, pero viéndole atento al volante prefirió dejarle concluir, dirigiéndose a Mario:

—Aquí ya sabes, si quieres salir adelante, tienes que obedecer, si no te mueres de hambre. Más aún en los tiempos que corren. Si quieres trabajar tienes que respetar las normas generales: nunca poner en duda el matrimonio; las queridas no existen, ni los homosexuales. Sólo sanos deportes y vida al aire libre. El resto: política exterior y asuntos de casa, te lo dan todo hecho. No tienes más que copiar.

A Marta aquella confesión le recordaba las palabras del padre:

—Todos los periodistas son sobornables; sobre todo los que se meten en política.

Como la guerra misma, casi todo parecía repetirse, aunque aquellos fértiles campos surcados por solitarias bicicletas tuvieran poco que ver con el hedor y el polvo ardiente de tiempo atrás y aquel constante rozarse con la muerte.

A la noche, tras la breve cena en el hotel, durmieron entre sábanas zurcidas y ventanas tapadas con negras hojas de papel. Tampoco funcionaba el agua caliente.

—En casa os trataremos mejor —intentó justificarse el primo.

Y como huyendo de algún nuevo desastre, la luz del día les sorprendió en la carretera, mostrando ante un control el pasaporte.

—*Via! Via!* —respondió el primo, mostrando como siempre su carnet—. *Sono famigliari miei.*

—*Va bene* —murmuró fuera una voz soñolienta—. *Avanti; possono passare.*

De nuevo en marcha, el primo se volvió para explicar:

—Vamos mejor por Brescia.

A Marta tanto le daba. Ciudad por ciudad, todas le parecían iguales salvo aquella Venecia abierta no a horizontes de tierra sino a su propia fantasía.

En su memoria, vagas imágenes de añejas postales se confundían con la voz de Mario que, dejando atrás Padua, se apresuraba a prometer:

—Ahí tenemos que volver. Ahí está la estatua ecuestre más famosa del mundo.

Mas el coche no se detenía, por el contrario, aceleraba hasta llegar al mar y enfilar la pasarela del trasbordador.

—Desde que esto empezó, vivimos en el Lido. A mí me gusta la tranquilidad. Rosa, en cambio, la aborrece.

Hablaba como si en aquel instante aquella guerra,

presente en carteles y rostros, quedara borrada más allá del canal.

—Tendrás que hacer este viaje muchas veces —comentaba Mario.

—No lo creas. A veces duermo en el hotel junto al periódico. Sobre todo en invierno. No te imaginas en Navidad lo que es esto. La humedad es como un perro que te muerde. Te llega hasta los mismos huesos.

Cuando el trasbordador puso en marcha sus motores, empujando hasta la superficie una nube de aceite y detritos, sólo unos cuantos automóviles, oficiales en su mayoría, ocupaban la mezquina cubierta. A su lado, chóferes de uniforme, ajenos al paisaje que comenzaba a desfilar, fumaban bajo carteles anunciando la vuelta de un pasado imperial. A Marta le llamaba la atención aquel rostro de casco imponente amenazando muros y canales. En él ambas guerras se unían como en el arsenal con sus grúas inmóviles y sus barcas al sol, varadas junto a oscuros malecones. A lo lejos un horizonte de edificios nuevos señalaba el rumbo al barco que secretas corrientes hacían danzar entre negros pilotes. Bosques de troncos, clavados en el fondo, unidos en su cima como cuerpos ahogados, señalaban caminos a otras lanchas, a inevitables góndolas, a alguna draga inmóvil.

—Aquí en Venecia se está bien —murmuraba el primo mientras tanto—. Todos la respetan, hasta los mismos italianos. Nadie se atreve a bombardearla. Hasta los alemanes, cuando vienen por aquí, se diría que cambian. Y es que Venecia siempre sobrevive a pesar de las guerras.

El primo, por esta vez, tenía razón. De pronto la ciudad aparecía a ambos lados. A la derecha navegaba a ras de mar, solemne y eclesiástica, al amparo de una cúpula colosal; a la izquierda se abría en aquel salón radiante tras un bosque de góndolas y puentes. San Marcos brillaba en la mañana despejada, mágica, como un juguete alzado por el compás de los motores entre amagos de inquietos estertores.

Mario tomó del brazo a Marta.

—¿Qué te parece?

Y Marta, sin saber qué contestar, temiendo la sonrisa del primo, respondió al fin:

—Te lo diré cuando la vea de verdad.

—Mañana mismo.

—Cuando queráis los dos.

—Rosa se la conoce como nadie, y aunque ahora no hay mucho que comprar, algún recuerdo puede encontrarse todavía —envolvió a la laguna en un ademán desolado—. Ahora esto parece un desierto. Había que verlo en otros tiempos.

La laguna callaba, sólo sonaba el ronquido discreto de algún diminuto vapor y la voz de las gaviotas en busca de comida.

—Ésas no tienen que cortar cupones —murmuró el primo—, ni van al frente, ni tienen que esconderse. Ahí están; tan felices como siempre.

Su vago tono de humor se iba borrando, cambiando por otro menos feliz, más preocupado, a medida que el Lido aparecía tras aquellas casetas de las que Mario tan orgulloso se sentía.

De nuevo en el coche, el camino seguía paralelo al mar entre villas. Un fluir constante de bañistas cruzaba desde grandes hoteles cerrados a medias tratando de olvidar el calor más allá de la arena; gente de edad sobre todo, dispuesta a no perder un solo rayo de sol, lejos del mundo de la guerra.

Finalmente, en uno de los senderos laterales, el primo detuvo el automóvil ante un chalé de muros grises. Y cruzando el jardín, volvió a justificarse:

—Desde que estamos sin servicio, anda todo revuelto. —Luego, alzando la voz, en tanto llamaba al timbre de la puerta, añadió—: Vamos a ver si ha vuelto Rosa.

Y Rosa aparecía en la puerta. Marta, viéndola en la cima de aquellos breves escalones, se dijo que tenía poco que ver con el primo de Mario. Aquel vestido de hombros desnudos que a buen seguro conoció tiempos mejores, su modo de mirar, de dar la bienvenida, de tomarla del brazo, parecían separarla de aquel rostro afeitado hasta sangrar la carne, del cuello rebosante y el nudo deshecho de su horrible corbata.

Más tarde, en la alcoba, mecida por la sombra de los árboles, Mario le había preguntado:

—¿Sigues pensando lo mismo de mi primo?

—Igual.

—¿Y Rosa?

—Rosa ya es otra cosa.

Y sin embargo el primo, a pesar de su apariencia, debía de ser punto importante en las páginas de la prensa local y aún más allá, en tierra firme.

—¿Y tú crees que va a servirte de algo? Lo mejor que podemos hacer es ver lo que hay que ver y esperar a lo que diga mi hermano.

—Depende de la guerra todo.

Y como una respuesta repetida tiempo atrás en el salón del padre, se alzaba cada noche el rumor impasible de la radio; primero en un relámpago sonoro, después en un susurro capaz de borrar cualquier pasión en el vacío corazón de Mario, agotado tras visitas eternas a palacios convertidos en mudas oficinas. Así prefería, más que hacer el amor, escuchar aquella voz monótona, prólogo a veces de sueños angustiados.

—Tendrá alguna amiga —rió Rosa, cuando Marta se lo comentó.

—¡Qué cosas dices! Además me parece un poco pronto.

—Todos aquí la tienen. Incluso mi marido, si me apuras. ¿Por qué no, si el ejemplo viene de arriba? Para nuestro Duce sólo los hombres cuentan; las mujeres somos poco más que ganado. Si estuviera en sus manos nos cambiaría por un puñado de escuadristas o un nuevo campo de deportes.

—Alguna estará con él.

Rosa rió de nuevo. Fuera sonaba una motora.

—Pregunta a su mujer o mejor a la otra. Están con él las que le ven de cintura para abajo.

Hablando así, sus ojos se encendían. Incluso su español, tan preciso, le fallaba tratando de buscar la palabra adecuada. Marta pensaba que, de ser hombre, no estaría allí, sino entre sus escuadristas tan odiados o, mejor, en alguno de aquellos grupos misteriosos sobre los que siempre preguntaba al primo en vano.

—Son los eternos descontentos de siempre —respondía vagamente—. Cuatro desesperados dispuestos a dejarse matar por algo que ni siquiera conocen. No cuentan nada; al menos de momento.

XV

A MARTA AQUEL TEMA constante de la guerra la deprimía en ocasiones. Tan sólo revivía a la sombra de Rosa desde que el barco diminuto enfilaba la plaza de San Marcos. A pesar de las tiendas vacías, de tanto vestido pasado de moda, del café tan amargo, era un placer tomarlo a la sombra de los soportales, bajo los viejos toldos, dejar pasar las horas en el reloj enorme junto a la basílica cargada de caballos dorados. O también, del brazo de su nueva amiga, perderse, lejos del sol vibrante de las doce, a lo largo de callejones rotos con su osamenta ilustre apuntando a sombríos canales, vivos tan sólo en escondidos puentes de ladrillo. Ropa tendida de ventana a ventana, jardines secretos asomando apenas sobre perdidas galerías y sucios desagües parecían decir que aquella guerra interminable aún no había llegado hasta allí; detenida en el asombro inmóvil de los palacios colosales, de canales más grandes y mejores, prendida en filigranas de piedra y mármol a la orilla del mar. En aquellos pasadizos de sombra y agua, de iglesias recoletas después de tanta apoteosis, nunca encontraron uniformes grises o verdes sobre lustrosas botas, soldados perdidos o curiosos oficiales recién llegados del otro lado de los Alpes, sino modestos mercados en los que la ciudad se vaciaba en busca de sal, pescado o harina. Era aquélla una guerra particular que Marta sólo conocía a través de la cocina pero que al primo volvía cada vez más silencioso.

Mario, en cambio, parecía navegar de buen grado por ella, dejándose llevar como aquellos vapores que se saludaban cada mañana, con escasos viajeros a bordo. Para él la espera venía a ser un estado de gracia, una razón de vida que justificaba su actitud más pasiva cada noche. Incluso entre las sábanas, en el amor apresurado, parecía esperar también aquella luz que, más allá de la ventana, anunciaba un nuevo viaje.

Marta, sintiéndole deslizarse, más tarde, a solas o en el cuarto de baño, volvía a descubrir aquel umbral perdido de sus sueños de niña, nunca llegado a franquear del todo en sus días prohibidos cargados de soledad y de melancolía, de un nuevo afán por herirse con las propias manos y engañarse con vagas fantasías.

—Los hombres son como son —hubiera dicho como siempre Sonsoles—. No hay que pedirles más de lo que quieren dar. Corres el riesgo de amargarte la vida.

Marta pensaba ahora que, como aquellas aguas que la rodeaban, también Mario se iba volviendo sombrío y taciturno según crecía, como nacida de la espuma, la imagen pálida de la prima Rosa.

Aquel constante pasear entre aguas muertas y palomas, aquel eterno asomarse a los cafés abiertos todavía, iban minando en ella cualquier otra pasión, cortando sus amarras secretas con aquella alcoba a la que Mario llegaba a última hora.

Era preciso llenar de algún modo las suyas, por ello cuando Rosa propuso visitar por la tarde a unos amigos acepté de buen grado.

La mañana pasó veloz, revolviendo armarios, en bus-

ca de vestidos y zapatos, reliquias de un tiempo pasado
ya, puesto en pie otra vez a fuerza de paciencia y tiempo.

—A ver, date otra vuelta. Hay que subirlo un poco;
ajustar la cintura; el cuello no está mal.

Y Marta, ante el espejo, obedecía sometida, convertida en vivo maniquí, media espalda desnuda flotando
en la penumbra ante la prima.

—Lástima ese pelo largo.

—No voy a cortarlo ahora.

—Irías más cómoda, pero por esta vez se puede recoger.

Poco a poco, ante el espejo del cuarto de baño, la
prima Rosa parecía ir modelando un rostro y cuerpo
nuevos desde el florón plisado en la cadera hasta el escote generoso. Luego surgió del tocador un saldo de
perfumes, lápices de trazo oscuro, restos de barras de
labios con los que aquellas hábiles manos perfilaron
ojos y boca como herida leve de dos carnosos trazos.
Después aquellos dedos fríos la dejaron libre para ali-
sar como en una caricia el vestido ceñido, buscar unos
pendientes leves y un broche de reflejos pálidos.

—¿Qué tal? —preguntó Marta, dándose una vuelta
más.

Rosa tentó por un instante aquella tela muerta desde tiempo atrás que las dos intentaban volver a la vida.

—A media luz no queda mal.

Cuando salieron, Marta inició su camino habitual
rumbo al embarcadero.

—¿Dónde vas? Es aquí, en el Lido, cerca de casa.

Tras tanto prepararse, Marta había creído que aquella invitación vendría del otro lado del canal, pero aceptó que Rosa la guiara a lo largo del paseo donde el sol
ya se ocultaba. Un archipiélago de sombras nacía ante
las dos, del agua.

—Aquello es San Lázaro y el Lazareto viejo. Es bonito pero los hay mucho mejores; aquel otro, la Gracia. Sirvió de polvorín hasta Napoleón, como la mayoría, y ese de un poco más acá, San Clemente, donde daban asilo a peregrinos camino de Jerusalén.

Un viento leve batía la laguna cubriéndola de nuevas ruinas nacidas entre afiladas manchas de cipreses.

—Por este lado todo son hospitales y alguna que otra casa de salud. Entre enfermos de peste y locos, estas islas servían a los de tierra firme de cementerio y purgatorio.

Por la laguna negra ahora desfilaba una procesión de flotantes despojos, arcos ciegos, cárceles de clérigos, patios en los que enfermos contagiosos vieron el cielo por postrera vez, reliquias de espadañas, un mezquino universo a punto de desaparecer.

Pero ya Rosa la apartaba del agua para torcer entre una hilera de chalés modernos, escondidos en la orilla frontera. Entre canales diminutos se abrían muelles ocultos, pistas de tenis, alguna residencia con la puerta de par en par sobre jardines hasta los que llegaban ecos de músicas lejanas, mezcladas con los ladridos de algún celoso can. Ante una de ellas, la prima se detuvo:

—Es aquí, pasa.

Y como ya habituada de otras veces, cruzó la verja tras Marta. Del interior llegaba un rumor de voces. Siguiéndolo, pronto llegaron al salón principal, en el que una gramola centraba la atención bajo las luces encendidas a medias. Era preciso acostumbrarse a ellas, escuchar atentamente los murmullos apenas susurrados en una lengua que entendía mal, en tanto Rosa se apartaba buscando alguna bebida.

Dudando si seguirla o no, envuelta en un aroma de

cigarrillos y perfume caro, vio acercarse a la dueña de la casa. La luz revelaba de cerca un rostro consumido en el que un par de labios luchaban por sonreír en tanto le estrechaba blandamente la mano.

—*Allora tu sei la cugina spagnola?*

Marta asintió con un ademán.

—*Come si trova qui?*

—*Bene* —acertó a contestar.

En aquel laberinto de voces, de nuevas preguntas, no supo si encaminar sus pasos hacia la ventana donde ya anochecía o sobre alguno de los divanes cargados de cojines. Pero ya Rosa volvía con un par de vasos.

—¿Qué quieres tomar? Hay que servirse sola. En esta casa no se bebe mal.

Ya al segundo martini, sus ojos se acostumbraron a aquella luz velada, tamizada por unas cuantas pantallas amarillas. No llamó su atención el mueble bar, ni la gramola niquelada, ni aquel mar de cojines trepando por divanes y sillones, sino la falta de hombres.

—Están movilizados todos —respondió Rosa rozando apenas con los labios su copa—. Entre el frente y los que se esconden, quedamos sólo las mujeres.

Y la sala con su música monótona venía a darle la razón. Juntas, unidas sobre el mar de almohadones, apurando vasos de helado té, sólo mujeres se veía, acompañadas en ocasiones por algún adolescente ensimismado. De improviso dos de las que charlaban íntimamente se acercaron al montón de discos junto a la gramola y, tras elegir uno lento, se enlazaron siguiendo su compás. Sus cuerpos enfundados en brillante rayón alzaban a su paso un viento vago de repentina admiración.

Pronto nuevas parejas se unían a ellas; acompañándolas en su breve viaje para caer rendidas o dar vuelta a la manivela niquelada.

—¿Te animas? —preguntó a su lado Rosa.

No tuvo más remedio que aceptar sus brazos en torno de la nuca y la cintura, el roce incierto de su piel cada vez que una pausa la obligaba a cambiar de postura.

A la vuelta, con la luna en lo alto, aún recordaba aquel abrazo cálido, prolongado cara a la soledad de la laguna.

—Al menos matamos la noche —suspiró la prima—. No estuvo mal del todo, pero hay fiestas mejores. Ya las conocerás. —Y añadió, pensativa—: Total, ¿qué prisa tenéis?

—Sobre todo yo.

—Por nosotros no tenéis que preocuparos. Mientras estéis aquí, nos libramos de recibir inquilinos forzosos. A algunos ya los obligaron. La casa es grande. Hay sitio para cuatro, aun llevándose mal.

Marta estrechó entre sus manos las de Rosa y, ya a punto de llegar, reconoció la voz de Mario.

—Marta, ¿eres tú?

También el primo surgió entre la espesura.

—Tanto escuchar la radio y no sabéis la noticia.

—¿Qué noticia?

—El armisticio. Mussolini ha caído —respondió Mario.

—El rey le ha traicionado —apuntó el primo.

Rosa, furiosa, replicó:

—¿Y quién va a confiar en él viéndole arrastrarse ante los alemanes?

—Lo hacía por salvar a Italia del desastre.

—Di mejor que por salvarse él. De todos modos veremos cómo nos sacan adelante ahora.

—Sin él va a ser difícil.

—Y con él, imposible. —Rosa miró a Marta, callada

en la penumbra—. Si no lo arregla nadie, tendremos otra guerra civil como la vuestra.

Cuando ninguno lo esperaba Mussolini volvió, rescatado por sus amigos alemanes, cansado, envejecido, mas, como Rosa preveía, dispuesto a mantenerse firme, a poner su destino a los pies de unas secretas armas que a la postre acabarían derrotando a sus enemigos. Ahora vivía en Saló, a la orilla de uno de aquellos lagos vecinos, y su primer deseo nada más llegar a su remota capital había sido pedir aquellos periódicos siempre sumisos y en su ausencia libres, prometiéndose a sí mismo llevar a cabo un ejemplar escarmiento.

XVI

Tras la vuelta del Duce, Roma invadió Venecia. Era gente de cine, primero a bordo de automóviles ya pasados de moda, luego en modestos autobuses y camiones cargados de focos y trípodes.

—Sólo faltaban éstos —se lamentaba Rosa viendo cruzar ante San Marcos viejas actrices amigas de ministros, oyéndolas llamar de tú a los camareros del Florian— para poner el mercado por las nubes.

Era como una fauna más de las que aquellos días empujaban hacia el Norte en busca de un lugar donde esperar tranquilos la derrota final. Para Marta, en cambio, suponían una insólita novedad, a pesar de que no recordaba ninguno de sus nombres por mucho que su amiga se esforzara en recitarlos con una sombra de desdén total.

—Ésa ¿sabes quién es?

Marta negaba con un gesto repetido.

—¿Es muy famosa?

—Es la primera que apareció con los pechos desnudos.

—¿En la calle?

—En una película. El mismo Duce la autorizó.

De lejos semejaban dioses vestidos con sus trajes impecables, sus medias radiantes, sus miradas altivas; de cerca, su andar se revelaba vacilante, su ropa zurcida, su pelo escaso y mal teñido. Sólo unas cuantas parejas parecían volar sobre aquel mundo amargo, ocupando los hoteles caros, saludándose en alta voz, consumiéndose a su vez, esperando el inicio de algún nuevo trabajo con que continuar su azarosa carrera. Sin embargo su suerte no parecía prosperar.

Cierto día aquella abigarrada tropa desembarcó en el Lido.

—¿Por qué no vamos? —propuso Marta—. Nunca he visto hacer una película.

Allá fueron las dos, Marta tratando de matar la mañana, la prima desconfiando como siempre.

—Tienen toda Venecia para ellos y han de venir aquí—murmuró malhumorada.

Pero no todos pensaban como Rosa. El marido, aquel día, no cruzó la laguna. Lo encontraron de charla a media mañana con una de las secretarias que acompañaban a actores y actrices. Cuando la presentó quedaron en silencio los cuatro sin saber qué decir en tanto colocaban en torno cables y focos.

Marta, ante la visible hostilidad de Rosa, se preguntaba si no sería una de aquellas amigas del primo a las que en ocasiones aludía.

Apenas le dirigió la palabra, ni siquiera cuando se ofreció a facilitarles entradas para la ópera, siempre a su alcance en la oficina donde trabajaba.

—*No, grazie* —las rechazó Rosa, desdeñosa.

—Te advierto —replicó el marido— que ahora hay mejores cantantes que en cualquier otra época. En eso salimos ganando.

Rosa, sin mirarle siquiera, repuso al punto:

—Los hay que salen ganando en todas las guerras.

Un altavoz puso punto final a aquella discusión que había vuelto otra vez sombrío al primo. Todo iba mal: aquel calor que los actores aguantaban impasibles, sudando bajo su disfraz, el viento que pegaba al rostro el maquillaje, las pruebas infinitas para volver a sus hamacas con el color corrido sobre el rostro y una aguda sensación de malestar. Desde las cámaras inmóviles al encargado de repasar los guiones, todo el mundo parecía pendiente de las nubes, de aquellos falsos soles que nunca llegaban a encenderse.

El coro de curiosos se deshizo lentamente hasta dejar a solas aquel laberinto de ajados rostros donde el marido de Rosa despedía a su amiga.

—¿Tú crees que volverán? —preguntó Marta, señalandos los focos.

—Esperemos que no —respondió Rosa, taciturna.

Y en cierto modo acertó. Nunca más aparecieron por allí.

Volvieron a los camiones y una mañana se alejaron, como sus servidores, rumbo a alguna ceremonia oficial.

Quedaron una vez más, como siempre, los actores ocupando los hoteles mejores, otros en oficinas, cambiando su grave voz por la máquina de escribir.

De día hervía la plaza de San Marcos, de noche los salones del Danieli en los que embajadores trashumantes alternaban con queridas de jerarcas y condesas al flanco de generales alemanes.

Marta, ante aquel continuo festival, se sentía cada vez más deprimida recordando los mercados vacíos, a los que era preciso acudir rayando el alba. Bastaba una voz para saber cuándo se repartía en ellos pollos, vino, tomates, alguna rara fruta con que alegrar el postre de modestos festines.

Así, navegando entre dos luces, cruzaron cierta vez el canal convertido en negro espejo y con la compra ya resuelta se encontraron casi de madrugada sin saber a dónde dirigirse.

—No vamos a volver a casa ahora —dijo Rosa.

—¿Tomamos un capuccino en el Florian?

—A estas horas no están despiertos ni los camareros.

Dudando, habían llegado ante uno de tantos palacios asomados a los canales interiores, alzados con ladrillo y piedra noble. A su puerta una muchacha luchaba inútilmente por acabar de vestirse. Al fin lo consiguió y, estirándose las medias, fue a perderse al otro lado de un puente diminuto.

Ninguna de las dos habló, pero del fondo del portal una penumbra incierta, como un oscuro imán, más que llamar, las atraía. Lo que más llamaba la atención en él era un silencio que parecía envolver los negros portones de las cocheras vacías, los sucios escalones de la escalera principal como sombría morada de una tranquila muerte. Un aroma especial a cerrado y vomitonas las golpeó en el rostro al empujar la puerta más a mano. Dentro, rayos de sol trataban de abrirse paso a través de pesadas cortinas sobre cuadros enormes y bronces imponentes. Sobre alfombras que un día estuvieron vivas, un maniquí de ojos abiertos cubierto de cruces y medallas, entreabiertos sus revueltos pantalones, parecía mirar fijamente al horizonte.

—Está muerto —susurró Marta.

—No está muerto; ¡está borracho, que es peor!

En el extremo opuesto del salón otra muchacha desnuda y joven como la del portal buscaba vacilante restos de ropa interior por los rincones. En el revuelto frenesí de mesitas caídas y sillones rotos, un reloj escondido en alguna parte dejaba oír su voz puntual y melodiosa.

—Ya está bien; vámonos de aquí —murmuró Rosa.

Pero Marta acababa de encontrar un estuche niquelado que al punto le trajo a la memoria su lejano hospital. Sucias agujas de inyectar usadas brillaban en el suelo entre restos de ampollas, vasos rotos y botellas, todo revuelto con trozos de algodón sangriento.

Esta vez sí tuvo miedo y se dejó arrastrar escaleras abajo, luchando por evitar las manchas que ante sus pies inundaban la alfombra. Dejar atrás su agrio hedor, salir al sol que ya cambiaba de color el mar era un alivio, como el café en el Quadri recién abierto, servido por un viejo camarero perezoso y dormido.

—¿No querías saber cómo eran estas fiestas? —preguntó Rosa.

—Éstas no; por lo menos a lo vivo.

Rosa rió brevemente mientras hacía señas a un muchacho cargado de periódicos.

—Lo que tú quieres es mirar, pero sin arriesgarte. ¿No es eso?

Marta asintió, mas ya Rosa parecía olvidar la fiesta, lanzando un vistazo al diario sobre sus rodillas.

—Ahora nos traen dos nuevos ministerios —comentó de pronto—. A este paso tendremos que emigrar.

—¿Adónde?

—Lo mismo me pregunto yo. En el Sur están los aliados, que no nos dejarán pasar.

—¿Por qué razón?

—Porque se creen que somos nazis todos. —Rosa quedó un instante pensativa—. Vete a saber. A lo mejor tienen razón. Sobre todo al principio.

—¿Y en el Norte?

—Al Norte están los alemanes, que nos quieren menos aún. Para ellos somos un montón de traidores que lo único que quiere es salir cuanto antes de esta guerra.

—¿Y no es verdad?

—En parte —suspiró Rosa—. Lo malo de las dictaduras es su facilidad para corromper. Lo que nunca se sabe distinguir es lo que se hace por vocación o simplemente por sobrevivir.

—Alguno lo sabrá.

Rosa rió para sí quedamente. Luego, en un tono amargo, respondió:

—Claro que sí. Los nombres los conocen Mussolini y su famoso fichero. Por algo ha sido periodista y sigue siéndolo cuando lo necesita. Ahora, con tanto tiempo libre, seguro que andará tachando nombres, buscando otros que poner al frente de los nuevos diarios y revistas. Esperemos que mi marido no acepte. Sería volver a empezar pero con unos cuantos años más.

—¿Y qué tiene de malo?

—Que hasta para venderse hace falta un poco de entusiasmo y él anda escaso de eso.

Rosa tenía razón. El primo solía lamentarse más a menudo que antes.

—Ahora la censura es más dura que nunca. Y por si fuera poco, tenemos lo de los alemanes, que están en todas partes. Son capaces incluso de cortar los artículos del mismo Duce, conque calcula los demás. No me extraña que, desde que ha vuelto, la gente de la prensa cambie de partido.

Marta, escuchando al primo, recién salida de otra guerra, se preguntaba a menudo si aquel cambiar de bando antes que voluntad de independencia no escondería un secreto oportunismo. Todos aquellos nombres importantes que Rosa mencionaba le recordaban a los amigos del hermano, en Madrid, dispuestos a mudar de color según el cariz que tomaran las cosas.

Incluso cierto día, ordenando su ropa de paisano, había encontrado un pasaporte a su nombre. Nunca supo dónde pensaba encaminar sus pasos, mas por entonces hablaba con interés de Suramérica. Luego todo quedó en nada, tal como Marta temía que acabara aquella vaga agencia de la cual vivían. Sus días en Venecia dependían de su buena marcha, mas Mario se quejaba:

—Pagar, nos pagan, pero las crónicas no aparecen. Dicen que salen en provincias.

—Si lo dicen, será verdad.

—La verdad es que hacen lo que quieren. Sobre todo si saben que los necesitas.

XVII

OTROS DÍAS no dejaban el Lido. Quedaban en la playa a la hora del baño. Marta gozaba viendo a Rosa nacer del agua, echarse a un lado tiritando, dejarse enjabonar la piel a falta de cremas imposibles de hallar. Verla dorarse al sol, bajo su luz, libre, lejos de todos, confortaba sus ánimos. Sobre todo cuando, relajadas, la prima solía preguntar:

—España ¿cómo es?

—Depende de qué parte. ¿Nunca estuviste allí?

—¿En España? Dos o tres veces, pero ya sabes: Barcelona, Madrid, una corrida y el Museo del Prado. Yo quiero conocer Andalucía.

Los ojos de la prima se hundían en la azul lejanía.

—Allí tengo que ir yo alguna vez.

—A mi casa.

—A tu casa también —hacía un gesto disculpándose—. ¿Sabes dónde nací yo? Aquí cerca, en Burano, en una isla muy pequeña. Un día iremos a que la conozcas.

Rosa contaba historias de sus años de niña, de una fortuna derrochada por el padre que nunca volvió, dejándola con la madre y los hermanos mayores.

—Pasamos de ricos a pobres casi en un año.

—¿En un año sólo?

—Mi padre conoció a una mujer que le dejó a pedir. Al menos eso me dijeron siempre. Yo apenas noté nada; mi madre se volvió más cariñosa y entre las dos sacamos adelante la casa. Mis hermanos se fueron a trabajar al Norte y, puestas a cerrar habitaciones, acabé durmiendo con ella. Recuerdo cómo esperaba la hora de ir a la cama, juntas las dos, entre las mismas sábanas. Era como entrar en el mar, buscar una verdad que los demás ni imaginaban.

—¿Te hablaba de él?

—¿De mi padre? No, nunca, ni tampoco de la otra. Sólo rezábamos para que alguno de los dos se cansara y todo volviera a ser como antes.

—Siempre la misma historia.

Y cuanto más contaba la prima, más se parecían las dos en los padres furtivos, en aquellas mujeres obstinadas en rezar, en quedarse encerradas en casa. Aquellas relaciones rotas las acercaban más que el pelo dorado de la prima tan difícil de secar fuera del agua para luego peinarlo. Viéndolo relucir bajo la luz del claro mediodía, Marta se extrañaba.

—¿Todas lo tenéis así en la laguna?

—Lo que sucede es que las más famosas son las venecianas —replicaba Rosa paseando la mirada por la playa—. Mira esas dos. ¡Cuántas darían media vida por tener el suyo!

Su mano parecía acariciar en el aire el contorno de dos vagas siluetas que una vez ajustados los tirantes del bañador ceñido se perseguían como nacidas de las olas.

Como si poco o nada tuvieran que ver con aquella guerra prolongada, los teatros seguían llenándose a rebosar tal como aseguraba la amiga del primo.

—Un día voy a pedirle un palco —propuso éste.

Pero Rosa le miró tan hostil como aquel día en el Lido.

—Conmigo, desde luego, no cuentes. Puedes ir con Marta si quieres. Además —añadió—, no se trata de reunir cantantes y músicos; se necesita un público entendido, y eso no se improvisa, sobre todo cuando se trata de ópera.

Cuando Marta confesó que nunca había visto ninguna, los dos se la quedaron mirando como si hubiera cometido un sacrilegio, olvidando por un instante pasadas rencillas. Incluso Rosa pareció dispuesta a colaborar, aun sabiendo de dónde vendrían las entradas.

—¡Con tal de que ella no venga! Si aparece, me voy —dijo a Marta.

Pero no fue preciso. Óperas y conciertos se reservaban sobre todo para oficiales alemanes, jerarcas y aristócratas.

—¡Sí que tiene influencia esa amiga tuya! —comentó Rosa con sorna al marido, que repuso resignado:

—Otra vez será. De momento tengo entradas para el Goldoni. Tampoco está tan mal.

Todo se hallaba a tope en aquel teatro cuyo nombre Marta luego no conseguía recordar, butacas y palcos, y en uno de ellos los cuatro esperando ver alzarse el telón.

De improviso un súbito apagón dejó a oscuras la sala, envuelta en un rumor de voces ya habituadas a soportar parecidos percances.

Luego, al cabo de un rato, la luz volvió, iluminando sobre el escenario a tres jóvenes con pañuelo rojo al cuello apuntando sus armas a la altura de los palcos.

Uno de ellos se adelantó hacia el público pidiendo calma, explicando razones que Marta no llegó a entender. Sólo cuando al final, obligados, todos los de la sala rompieron a cantar un himno, comprendió que los tres del escenario, con sus armas prestas a disparar sobre aquel coro improvisado, debían de pertenecer a uno de tanto grupos sobre los que a menudo preguntaba Mario.

Cuando el himno terminó y los tres desaparecieron, un huracán de gritos y protestas les buscó inútilmente. Fuera, en las calles frías de diciembre, sólo algún mísero rayo de luz se filtraba a través de ventanas semiabiertas.

—Mala suerte tuvimos —se quejó el primo, tiritando a la vuelta.

—Al contrario —replicó la prima, alegre—. En mi vida lo pasé mejor en el teatro. Ha sido una función excelente ver a todos esos amigos tuyos cantar *Bandera Roja*.

El primo la miró irritado; luego murmuró:

—También lo fueron tuyos no hace tanto. Veremos si estás tan contenta dentro de unos meses.

No hizo falta que pasara tanto tiempo. Antes una explosión pareció a punto de echar a pique la ciudad. Tan sólo derribó un palacio, pero las represalias costaron la vida a siete jóvenes, volviéndose más asiduas y peores.

Viejas duquesas de sosegado andar, mujeres de industriales, todo aquel que podía, abandonaba discretamente Venecia rumbo a los lagos más al Norte. Un hambre mal disfrazada de servil dignidad iba ganando incluso los barrios mejores, a lo largo de canales sólo animados por vacías barcazas.

—Lo que hay que hacer —decidió el primo— es acercarnos a Bolonia. Allí, al menos, no falta que comer.

Consiguió unos cupones de gasolina y, sin pensarlo más, partieron los cuatro.

—No hace falta llegar hasta el centro —avisó Rosa—, en cualquier parte tienen de todo, y además nos saldrá más barato.

El primo, con un leve ademán, se llevó la mano al bolsillo en tanto se iban abriendo paso por la llanura despejada. En frente se perfilaban, poco a poco, cadenas de montañas cada vez más vecinas que, roídas por el viento y la lluvia, parecían amenazar la carretera con sus hileras de faldas carcomidas.

El día se les fue en el viaje, en comer, detenerse, incluso hacer un poco de turismo en honor de Marta, comparar precios, para volver, ya tarde, por el mismo camino.

De pronto, entre dos luces, frenó el primo.

—¿No pasamos por aquí esta mañana?

—Tú sabrás —respondió Rosa de mal humor—. Tú conduces, ¿no?

Pero el primo seguía con los ojos fijos en una granja, junto a la carretera.

—Aquí siempre tienen un vino especial.

—No hay nadie. ¿No ves que está cerrada?

—Me parece que hay luz. Voy a comprar una botella. Sólo un minuto.

Le vieron alejarse en el crepúsculo. No oyeron, en cambio, el rumor de unas ruedas de goma que, a golpe de pedal, se aproximaban despacio. Marta miró curiosa la bicicleta que fue a detenerse junto al coche, cerca de la ventanilla trasera. La sombra que sobre ella venía examinó a la escasa luz la matrícula y extendiendo su brazo lo encendió en dos disparos apuntando a la cabeza de Mario. Marta lo sintió derrumbarse sobre su regazo, en tanto el ciclista desaparecía, y escuchó sus propios gritos amenazando al cielo con el puño mientras volvía el primo apresurado.

—Se equivocaron. Te buscaban a ti —trataba de explicar Rosa a su vez señalando la matrícula bajo el resplandor amortiguado de los faros.

—¡Vámonos, rápido! Hay que buscar un médico.

Y en busca de una cura de urgencia, volvieron a cruzar los mismos campos. Ahora, sin una sola luz, el camino parecía crecer, Venecia huir, lejos de Marta sobre todo que, aun sabiendo lo inútil de aquel viaje, callaba en la oscuridad como intentando salvar a Mario entre sus brazos. Pobre Mario, de día siempre dudando, marido incierto por la noche, siempre esperando un porvenir dorado mientras el mundo se hundía en torno. Mudo corresponsal de una agencia que a saber cuánto habría de durar más allá de los deseos del hermano. Ni siquiera volvería a pisar vivo aquella Venecia donde a veces soñaba quedarse a pesar de las bromas del primo.

—No te la recomiendo. Es demasiado fría.

Más fría aún, helada, debía de sentirla desde el fondo de su herida mortal, roja y siniestra como un ojo redondo, bajo un amago de lluvia que hacía brillar en las aguas de la laguna rebaños de sonámbulas góndolas.

Al final, tras un vistazo en el hospital, acabó en San Miguel como un ilustre veneciano más, entre cipreses nobles y tumbas de mármol.

XVIII

Aquel invierno nevó sobre Venecia. Una cortina trasparente llegó mansa desde tierra firme, espantando las garzas sobre el cieno blando. Redes y cañas amarillas quedaron escondidas bajo un leve manto que pronto se extendió de orilla a orilla, sobre puentes y muelles.

Al primo aquellos días le hacían sentirse más culpable aún de la muerte de Mario, añadiendo nuevos silencios a los que ya le separaban de Rosa. Sus ausencias se prolongaban más según la guerra proseguía, añadiendo a su vez nuevas penurias a las sufridas hasta entonces, agotando incluso la memoria. La misma Marta se sorprendía en ocasiones de su capacidad de olvido. El recuerdo de Mario sólo venía muy de cuando en cuando, como si el agua calma de la laguna barriera hacia el mismo mar, junto a tiempos vencidos, pasadas ilusiones. En la muda balanza de su propio dolor, calculaba cuánto había pesado en su destino aquel viaje a Italia que, alejándola del jardín y de la casa, la llevó hasta Rosa en busca de consuelo y compasión. Pero la prima no repartía caridad, trataba de alzarla desde su nido de cenizas, obligándola a hacer frente a su vida, como ella misma cada vez que el marido se alejaba.

—Ya volverá —decía.

—¿Y si no vuelve? —preguntaba Marta.

—Tendremos que acostumbrarnos a vivir sin él. No es tan difícil. Y al final vale la pena. Con el tiempo ya lo aprenderás.

Pero el primo siempre acababa por volver, a veces desvalido, buscando refugio en sus propios trabajos que hablaban de un renacer apresurado con el gran jefe de nuevo al timón, gracias a un golpe audaz de sus amigos alemanes.

—Son ellos los que ahora gobiernan —insistía Rosa tirando con ira al suelo el periódico—. ¿A qué viene todo este saco de mentiras? ¿Quién se lo va a creer?

Y el primo recogía paciente aquellas páginas de las que ahora vivían los tres. En realidad, más que vivir sobrevivían, murmuraba Marta temiendo y deseando el día de su vuelta.

—No te vayas ahora —respondía Rosa. Y sintiéndola amiga, Marta comprendía que tampoco ella era capaz de afrontar su soledad.

Además un continuo ir y venir de papeles a lo largo de oficinas cerradas siempre hacía cada vez más difícil el retorno de Mario desde aquel San Miguel bañado por las aguas hasta el cerro helado de su ciudad natal.

Más que vivir contemplaban la vida, aquel tiempo nuevo que ya amenazaba con sus primeras lluvias, inundando la plaza de San Marcos. Fue preciso sacar las viejas pasarelas de madera para cruzar rumbo al Florian o al Quadri y retirarlas por la noche para que no acabaran reducidas a leña en las estufas de los pobres. Rosa, Marta y el primo, como el mismo Mario, yacían ahora atrapados bajo un cielo de plomo que borraba en la lejanía la roja enseña de los altivos campanarios. Un día el primo propuso vagamente marchar más hacia el Norte.

—¿Al Norte? —exclamó Rosa—. ¿Ir de mal a peor?
—Allí aparecen cada día nuevos periódicos.
—¿Nuevos? Las mismas historias con palabras distintas.

Rosa no comprendía que, tal vez, su afán de alejarse sólo encerraba un deseo de escapar lejos de Mario y de su muerte. Marta así lo entendía viéndole contemplar aquel mudo archipiélago de ruinas. Muchas noches, con el marido ausente, en las horas de aquel amor amargo apenas florecido junto al mensaje eterno de la radio, Marta quiso hacérselo comprender, mas su rencor por él crecía al compás de las noticias.

Era como volver a aquel tiempo olvidado del frente cerca de Madrid, con Mario ausente como el primo ahora, buscar cómo llenar el tiempo de un amor diferente, alzado en el húmedo cuarto, en el calor estremecido de los cuerpos temblando.

—¿Qué importa que se vaya? —murmuraba Rosa—. Con tal que tú te quedes nos arreglaremos solas.

Hasta que cierto día aquella radio de la cual parecía depender el destino de las dos trajo, entre otras, la noticia de que acababa de crearse una dirección general para defensa de la raza.

—Ahora les toca a los judíos —había murmurado el primo haciendo, sin querer, temblar a Marta.

Vinieron días de silencio, de interesarse por aquella voz que antes apenas escuchaba, hasta que Rosa, viéndola lejana y taciturna, le preguntó:

—¿Qué te pasa? Parece que el mundo se te vino encima. —Y cuando Marta le confesó la verdad de sus temores y su raza, añadió todavía—: No te preocupes. Esto no es Alemania. Además, aquí nadie conoce a tu familia.

—¿Y el pasaporte? Seguramente tomaron nota.

—Tu apellido no quiere decir nada. Suena a alemán. No sé a qué viene tanto miedo viniendo justamente de España.

Sin embargo, a pesar de sus palabras, el mismo padre de Marta reconocía que allí nunca habían sido perseguidos desde tiempo atrás, sino incluso puestos a salvo cuando los alemanes invadieron Francia.

—Me extraña— comentaba Rosa.

—Pues así es.

—Será como tú dices, pero aquí todo se quedará en simples palabras.

Sin embargo la voz puntual comenzó a hablar de incautación de bienes, de policía especial, incluso de delatores anónimos.

—No lo hacen por ninguna razón moral —comentaba el marido—. Denuncian sólo por el beneficio que les queda.

—¿De qué?

—De todo: fincas, alhajas, pisos. Lo que sea.

Aquellas listas de nombres perseguidos, las cifras de un botín arrebatado, guardado en parte por sus inquisidores, comenzaban a llenar la prensa con sus relatos que parecían sacados de los libros del padre de Marta.

—¿En qué estás pensando ahora? —le preguntaba Rosa a veces.

—En nada —mentía.

En realidad ya se veía ante un tribunal como el que, siglos atrás, se alzó en la ciudad para judíos y herejes, camino de la hoguera, despojada de bienes, escarnecida a su paso, convertida en cenizas esparcidas al viento.

Un día su miedo pudo más y amaneció llorando.

—Si vas a preocuparte tanto —decidió Rosa—, hacemos las maletas y nos vamos.

—¿Adónde? —preguntó el primo.

—A Burano; a mi casa.

—Supongo que no contaréis conmigo —avisó el marido.

Rosa le miró un instante antes de responder:

—Claro que no contamos. Hace ya mucho tiempo que debías saberlo.

Así el primo quedó en Venecia en tanto Rosa y Marta, una mañana helada, cruzaban una vez más la laguna, dejando atrás el Lido.

El barco diminuto se iba abriendo paso entre la bruma, acechando los viejos pilotes que orientaban su rumbo. En el mundo revuelto de cajones, viejas redes y sacos, los pasajeros, todos de edad, se apiñaban fumando la última ración de un tabaco apurado con ansia hasta quemar las uñas de los dedos. Otros dormían sobre la superficie oscura de las aguas. De cuando en cuando la bruma espesa se animaba con la silueta de islotes fantasmas. Parecían surgir como negros recuerdos para más tarde, poco a poco, borrarse hasta quedar perdidos, devorados.

—Ése ¿cuál es? —preguntaba Marta a veces.

—San Miguel. ¿No lo recuerdas?

Y el recuerdo de Mario le hacía avergonzarse como si de repente lo hubiera olvidado. Y sin embargo estaba allí, también bajo la bruma, al pie de aquellos cipreses que apuntaban a un cielo húmedo y bajo.

Menos mal que ya otra nueva sombra salía a su encuentro.

—¿Es ahí?

—No. Eso es Murano —respondió Rosa, y añadió

con cierto desdén—: Ya sabes: donde trabajan el cristal. Ceniceros y lámparas. Pero ya falta poco.

Menos mal, pues la humedad parecía roer los huesos como el agua los islotes en ruinas, trazando negros laberintos de madera y ladrillos.

Burano, en cambio, apareció viva y sonriente tal como Rosa anunciaba.

—Te gustará; ya verás.

A medida que el barco avanzaba el sol se abría sobre pardos bancales de juncos y cañas, camino de una pequeña isla con muros a ras de agua.

Según iban entrando en ella Marta podía descubrir sus calles, cada cual con su canal particular, sus puentes de madera y sobre todo aquella sucesión de casas de dos plantas de color diferente.

—Las pintan las mujeres —explicaba Rosa, orgullosa—. Aquí lo hacen todo, desde traer hijos al mundo hasta redes y encajes.

La guerra, el Lido, la misma Venecia tan querida y vecina parecían lejanos cuando, tomando las maletas, se abrieron paso a través de los muelles vecinos. Más allá de la hilera de casas, de barcas tumbadas al sol, de pronto apareció un dedo afilado de piedra apuntando a las nubes. Tan inclinado aparecía dominando la villa que Marta volvió a preguntar:

—¿Y esa torre? ¿Nunca se cae?

—Al menos yo siempre la he visto así. Detrás está mi casa.

La casa de Rosa apareció junto a la calle principal, repleta de cafés abiertos junto a cerradas hosterías.

—Tenías que haber visto esto en los buenos tiempos. ¿Sabes que hubo aquí hasta una escuela de pintura? Aparte de los monumentos, claro. Se trataba de ir con tra la Bienal —continuó explicando, hasta que de repente se detuvo—. Aquí es. Ya llegamos.

Ante las dos se alzaba una casa de dos plantas como todas, con idénticas ventanas rematadas por buhardillas y el tiro de la chimenea surcando su costado. Tan sólo se distinguía de sus hermanas en la pintura reciente de las otras y un huerto de juguete entre pálidas tapias que parecía anunciar jornadas más tranquilas que las que atrás dejaban.

—Espera un poco que voy a buscar la llave.

Hasta Marta, a solas en el callejón, a pesar de aquel húmedo frío, llegaban ahora voces de niños, murmullos que eran conversaciones, canciones de la radio, suaves golpes de remos en canales vecinos. Con el sol en lo alto, la villa parecía despertar a pesar de la hora que dejaba escuchar algún campanario menos maltrecho que aquel a cuya sombra se alzaba la casa.

—Ya estoy aquí —anunciaba la prima, esgrimiendo en la mano la llave—. Estará toda revuelta, pero como es pequeña en un día la arreglamos.

XIX

EN BURANO —aseguraba Rosa— la vida resultaba si no más fácil, más tranquila. No había, como en el Quadri de Venecia, mujeres de jerarcas con sus zapatos de macizo tacón, con sus medias de lana y las rodillas al aire a la espera de un rayo de sol. Allí, como en el Lido antes, ya a media tarde calles y muelles se vaciaban un poco por el frío y también por el temor. Los jóvenes para no ser detenidos y acabar trabajando al otro lado de los Alpes y los viejos en secretos viajes que los hacían desaparecer a lo largo de aquellas mismas aguas durante toda la noche. Luego de día aparecían leña, pescado, pan blanco o carbón en bodegas secretas abiertas sólo a quienes pudieran pagar su escondido tesoro.

El primer nombre que Marta aprendió en su nueva isla fue justamente el de *zio* Carletto, siempre dispuesto a suministrar petróleo cuando faltaba la electricidad o un cesto de fruta traída desde cualquier lugar de la laguna. Su reino, aparte de su bodega tan conocida como respetada, era aquel mudo archipiélago aún erizado de espadañas testimonio de un tiempo que sólo a las mayores respetaba. Además de pariente lejano de Rosa, tenía dos hijos huidos, lo que en cierto modo los acercaba más, sobre todo a la hora de pagar.

—*Zio Carletto* —clamaba a veces Rosa—, *il tuo zucchero costa ogni giorno di più.*

Y el viejo rebajaba el azúcar en un puñado de liras que dejaba a la prima satisfecha.

La jornada de las dos se repetía de la mañana a la noche. Levantarse tarde, agotar los últimos cupones de la ingrata cartilla, detenerse un instante a tomar un café con sabor a achicoria y volver a casa a preparar la comida. Marta nunca conoció tal variedad de pescados cuyo aspecto le repugnaba antes de pasar por la sartén o la parrilla.

—Tampoco a mí me gustan —comentaba Rosa—, sobre todo sin sal como algunos los toman.

Pues incluso la sal comenzaba a faltar a pesar de aquel mar que aparecía a pocos pasos. Fue preciso extender el agua al sol para arrancar después su fruto magro y cristalino. Sólo *zio* Carletto y su barca carcomida eran capaces de ir a buscarla a Las Salinas de San Félix donde tiempo atrás se fabricaba.

—*Zio Carletto* —preguntaba Rosa cada día—. *Quando ci porti a vedere quelle saline?*

Y a fuerza de insistir, el viejo consintió en llevarlas consigo no sin antes advertirles que allí no había sino ruinas.

Pero Marta veía que a Rosa la aburrían ya tantos palacios colosales, tantos puentes de mármol, incluso aquella plaza de San Marcos a la que inevitablemente iban a descansar en sus primeros viajes. A medida que el buen tiempo se avecinaba, parecía despertar en ella una pasión desconocida por aquel escondido laberinto donde alternaban restos de hospederías con vacíos polvorines o restos de conventos milenarios.

De las famosas Salinas que dieron un día nombre a la magra presencia de su islote sólo quedaban en pie unos cuantos edificios vulgares entre maleza sin segar y un puñado de rústicos manzanos. Bajo los tejados todavía en pie aún podían arrancarse ronchas de sal como escorias de tierra que la pala del acompañante llevaba como joyas a la barca hasta dejar sólo las piedras. Mientras tanto Rosa arrastraba a Marta por aquel paraíso particular donde sólo llegaba el rumor de las gaviotas, el monótono batir del agua.

—La verdad —confesaba Marta—. No sé qué encanto especial encuentras a estas islas vacías.

—Tú también con el tiempo se lo encontrarás —respondía tendiéndole una mano tan fría como el agua—. El gusto por las cosas no está en las cosas mismas, sino en la cabeza.

—¿En la cabeza?

—No en como son, sino en como quieres que sean.

Sus ojos entonces se volvían como los de los gatos, dulces y amables y agresivos a ratos, obligando al viejo a detener la barca en cada islote vago que aparecía ante la proa. Así fue conociendo Marta de su mano, después de una Venecia de oro, aquella otra de fango y lodo, nacida entre canales cárdenos. Al paso lento de la barca cruzaban muñones de abadías sobre cimas sumergidas a medias, almacenes, puestos de guardia acechando guerras pasadas y perdidas, matas de espino, restos de cuarteles y algún busto de piedra que los ladrones no consiguieron arrancar.

Al fin, una vez saciada aquella sed de podredumbre, la prima ordenaba volver a casa tras dejar en la mano del viejo una fugaz propina. Una vez en ella volvía a ser la de antes, la de siempre, pegada a la radio cuando no faltaba la electricidad.

Había descubierto una nueva emisora que al punto sustituyó a la voz anterior. Representaba a la Italia libre y se llamaba Radio Tevere. Todas las otras quedaron olvidadas.

—Hasta dan música de jazz.

Y era verdad. Aquella insólita emisora no recordaba a las demás. Viva, real, libre, alternando música con breves boletines, en nada se parecía a los eternos partes de guerra lanzados a las ondas por sus precursoras. Incluso se pudo escuchar en ella al mismo Toscanini ofreciendo un concierto. .

—¿Dónde crees que estará? —preguntaba Rosa a Marta.

—No sé; no entiendo de esas cosas, pero si se llama Tevere estará en Roma, ¿no?

—Entonces más a mi favor —respondía en tanto se le iluminaba el rostro—, porque ya Roma ha sido liberada.

De improviso desaparecieron para ella persecuciones y judíos, aquella estrella de David que tanto llamó la atención de Marta el primer día de Burano, cincelada sobre una fachada como un reloj de sol.

—¿De quién es esa casa? —había preguntado Marta.

—No lo sé. La verdad es que nunca me fijé. Sería alguna sinagoga.

Y más tarde, a la noche, como intentando hacerse perdonar su repentino desinterés, las manos de Rosa siempre acababan buscando las suyas para quedar unidas hasta que el sueño las vencía, unas veces pasivas y a ratos acechando.

XX

LA PRIMA ROSA había conocido a su marido en aquel café cuyas paredes cubiertas de retratos hablaban de pintores a los que a menudo solía referirse. También aparecían fotografías de viejos literatos. Ante dos tazas de achicoria que la dueña servía con la misma ceremonia que si se tratara de auténtico café, solía evocar su fugaz noviazgo.

—Fue por la vía rápida, como entonces se usaba, a pesar de que se opuso mi familia.

—¿Por qué?

—No lo sé, manías de grandeza, supongo. Mi madre quería un marido mejor. Alguien que hiciera volver los buenos tiempos de mi padre. De modo que los defraudé. A ella y a mis hermanos. Los tres solían decir: «¿Pero tú qué le encuentras?»

—Si te gustaba, hiciste bien.

—No sé si me gustaba o no pero, al fin y al cabo, venía de Venecia. Trabajaba en un periódico; ni siquiera me acuerdo del nombre. Todo fue bien a pesar de las primeras discusiones, entre otras cosas porque siempre acababa dándole la razón. La verdad es que yo por entonces sabía poco de la vida antes de que la guerra me abriera los ojos.

—¿La guerra nada más?

—Bueno, la guerra y lo que trajo consigo.

Los ojos de la prima se encendían como allá en Las Salinas acechando la bruma oscura de la tarde. Luego apuraba su taza con un gesto amargo y concluía:

—En fin, es inútil lamentarse ahora.

La dueña del café —según Rosa— se entendía con el jerarca de la villa y era tal su experiencia que incluso la mujer de su amante los invitaba a comer en los días de fiesta.

—No puede ser —reía Marta.

—Pues lo es. Todo el mundo lo sabe.

—Lo digo por la edad.

—¿Y quién dice que el amor tiene edad?

Marta se imaginaba a la pareja: ella, metida en carnes, luciendo sus alhajas lejos del mostrador y las botellas de grappa; él, embutido a duras penas en su negro uniforme, paseando por la tarde o tomando su té como buenos amigos.

Rosa hablaba de la dueña del bar con una admiración mal disimulada, correspondida de la misma manera.

—*Ha visto* —preguntaba a Marta la mujer— *come parla lo spagnolo sua cugina? Meglio del italiano.*

Marta asentía, en tanto Rosa sonreía halagada olvidando hasta la noche la radio. Y sin embargo la voz puntual avisaba que ya todos los judíos, extranjeros o no, debían ser enviados a lugares preparados de antemano, sus bienes secuestrados y puestos a disposición de la República.

—Nada —trataba de tranquilizar Rosa los ánimos de Marta—. Sólo palabras para tener contentos a los alemanes. —Y girando el dial del aparato buscaba aquella Radio Tevere que entre música suave y nombres conocidos invitaba a meterse entre las sábanas.

Era difícil en cambio llenar las tardes pesadas, monótonas, si no era acompañando a *zio* Carletto en alguno de sus viajes. Una de ellas salieron a buscar leña con él. Ni marcos de ciegas ventanas, ni puertas rotas, ni vigas carcomidas parecían capaces de resistir los ímpetus del viejo con el hacha en la mano, abriéndose paso entre escombros y fango.

—¿No tiene ya bastante? —preguntaba Marta.

—Parece que no. Querrá aprovechar a fondo el viaje.

Cuando volvieron ya oscurecía sobre la laguna. De nuevo los islotes cruzaban navegando convertidos en cerros de bruma.

De improviso el viejo detuvo la barca y miró en torno de sí como buscando alguna luz en el turbio horizonte, pero del otro lado de la laguna no venía ninguna, sino el rumor de una motora que poco a poco se acabó concretando.

Sin saber bien por qué, Marta se echó a temblar y *zio* Carletto, tratando de evitar la estela de aquella lancha militar, de un golpe se hizo a un lado, dejando de bogar, esperando.

No eran precisas tales precauciones. Los de la motora ni siquiera los vieron o pensaron que ninguno de ellos, ni su barca podrida, valía la pena. Por el contrario apresuraron su marcha rumbo a Burano.

Mientras su estela zarandeaba todavía la barca, Marta preguntó asustada aún:

—¿Qué vamos a hacer ahora?

—¿Qué quieres que hagamos? —respondió Rosa—. Volver.

—¿A Burano?

—¿Y adónde quieres ir?

146

Marta no supo responder. Estaba segura de que aquella motora iba en su busca para arrastrarla a alguno de aquellos campos de que hablaba la radio. El mundo, la laguna entera le parecía una trampa inmensa preparada para ser cerrada sobre su cabeza.

—Deja de preocuparte de una vez. Para una sola persona no mandan una motora de ésas.

—¿Y si hay más?

—¿En Burano? No creo. Es que tú te obsesionas fácilmente.

Y sin embargo, cruzando a la vuelta los muelles silenciosos vieron de nuevo a la motora inmóvil, meciéndose entre los pilotes. La vigilaba un muchacho de uniforme con boina negra y dos grandes emes cubriendo las solapas. Viéndole armado hasta los dientes Marta tembló de nuevo, pero ya Rosa la arrastraba. Una vez en la casa murmuró:

—¿Ves como no pasa nada?

Pero esta vez se equivocó. A poco una ráfaga de disparos rompía el silencio cerca de los cafés cerrados, avivando en las rendijas de las ventanas mortecinos rayos de luz. A Marta aquel rumor le recordaba las madrugadas de su guerra anterior, las cunetas con sus sombras vencidas, arrancadas súbitamente del sueño y de la vida. Le traía también a la memoria el fin de Mario. Aun así se atrevió a preguntar:

—¿Contra quién disparan?

—No lo sé.

El rostro de la prima se hacía cada vez más sombrío a medida que el rumor crecía. Más tarde cesó; de fuera llegaron «vivas» y voces y el eco del motor alejándose.

Cuando al fin se borró, Marta trató de averiguar lo sucedido, pero Rosa tan sólo repuso:

—Se han ido, ¿no? Deja de preocuparte —la apartaba de la puerta—. Mañana saldremos de dudas.

A la mañana siguiente supieron que la furia de los visitantes había caído sobre aquella estrella de David que tanto llamaba la atención de Marta. Sólo quedaban de ella jirones de piedra y un sinfín de cráteres que hacían difícil reconocerla aun. En torno de la casa un grupo de curiosos miraba en silencio, asomándose a la puerta rota.

—Si sólo con esto se dan por satisfechos no estamos tan mal —murmuró Rosa de vuelta—. Lo que hace falta es que no vuelvan.

Sin embargo, a la tarde, la dueña del café la llamó aparte. De la Comisaría General pedían una lista completa de extranjeros residentes en la villa. Judíos sobre todo, si es que había.

Y al decirlo miraba a Marta sin saber bien en cuál de los dos grupos incluirla. Cuando Marta lo supo se decidió por fin.

—Me marcho. No aguanto más. Si me detienen no será peor que esto.

—Total, sólo es cuestión de meses, o de días; vete a saber.

—Eso mismo decían hace años.

De pronto, oyéndose, comprendió que no había pasado tanto tiempo como parecía, como sus palabras trataban de dar a entender ante el rostro impasible de la prima. Era inútil partir sin saber hacia dónde, tan sólo con un antiguo pasaporte cuya mitad yacía enterrada entre los cipreses de San Miguel a la espera de que se arreglaran sus papeles.

—¿Tú no conoces a nadie en Venecia?

—Claro que conozco, pero no es cosa fácil. Es poco menos que imposible salir al extranjero ahora.

—Alguna forma habrá —repetía Marta a su pesar viendo a la prima cada vez menos decidida.

—Sí —respondió—, perdiendo esta guerra que nunca vamos a ganar. El día que acabe no habrá más problemas. Por eso mi consejo es esperar. Con la paz abrirán las fronteras.

Marta aceptó aquel nuevo plazo. Sus días volvieron a llenarse de rancia achicoria, tímido sol y amargos comentarios. Diciembre se abría paso sobre la laguna, bajo cielos revueltos que a veces obligaban a refugiarse en un rincón del café esperando el final de algún breve chubasco. Según los días iban pasando, era preciso acostumbrarse de nuevo al frío. Resultaban inútiles los constantes viajes rumbo a San Erasmo en busca de hortalizas, asolada desde tiempo atrás por los mercados venecianos. Incluso la leña comenzó a faltar a pesar de *zio* Carletto y su vagar constante. Sólo quedaba, como vago consuelo, seguir acompañándole, isla tras isla, asistir a continuas negativas para volver por la noche con la memoria llena de imágenes y las manos vacías.

—*Un altro giorno perso* —murmuraba el viejo pensando en su negocio, pero no tan inútil para Marta que a lo largo de aquellas jornadas, perdidas para *zio* Carletto, olvidaba sus propios sobresaltos.

Atrás quedaban en el silencio hostil de la laguna viejos conventos reducidos a torres de ladrillos, toscos fortines, árboles rojos como heridos, antiguos lazaretos, hospitales barridos por Napoleón, convertidos en ruinas militares. En el silencio de los pilotes carcomidos que señalaban el camino de vuelta se alzaban ilustres peregrinos, monjes de diversas órdenes que el tiempo fue empujando a sus rincones, monjas de manos sabias como aquellas que junto a la casa de Rosa tejían encajes todavía como en tiempos de paz.

Luego, si la luz no faltaba, la radio se encargaba de borrar aquellos sueños de una sola tarde a los acordes de la música de jazz tan del gusto de Rosa, rematados siempre por una voz amable que se despedía hasta el día siguiente. Llegó a formar parte de su vida tanto como la laguna, ligada a una esperanza cada vez más vecina.

—El día que te falte, no sé qué vas a hacer.

—No faltará, descuida. Al contrario, el día que la guerra acabe, seguro que va a más. Ahora sólo se trata de mantener en alto la moral.

A veces adivinaba mensajes en reseñas de arte que a Marta parecían inocentes, lugares, citas, órdenes.

—La guerra es así —respondía a sus preguntas—. Hay que servirse de lo que se tiene a mano.

Así quedó borrada aquella primera voz de Londres que a buen seguro seguía dando noticias bien distintas acerca de nuevas requisas y detenciones. Incluso Marta las hubiera olvidado en aquella temprana primavera viendo a la dueña del café pasear tranquila con su acompañante de no ser por aquella estrella de piedra hecha pedazos, rodeada de huellas de disparos.

Una mañana aquel silencio de hambre y olvido se derrumbó bajo un aluvión de golpes en la puerta. *Zio* Carletto nunca solía llamar de aquel modo y sin embargo Marta murmuró:

—Puede que traiga harina o fruta.

Rosa esta vez calló; se acercó lentamente a la ventana y, tras lanzar una ojeada afuera, ordenó:

—Tú estáte quieta. No te muevas de aquí.

Luego bajó a abrir. Hasta arriba llegaba el rumor de las voces de dos hombres. Marta podía contar el tiempo por los latidos de sus sienes, por el terror olvidado tiempo atrás que ahora, terco de nuevo, volvía repentinamente.

Cuando Rosa volvió, se abalanzó sobre ella:

—¿Qué querían?

—Nada —respondió sombría—, sólo preguntaban.

—¿Por quién? ¿Por mí?

—Por nadie en particular.

De todos modos, tanto si mentía o no, de nuevo el miedo estaba allí, más fuerte que antes, arruinando sus vigilias y sueños, haciendo su nido de angustia en el corazón cada vez que de fuera llegaba el rumor de unas pisadas.

El plazo acordado ya se había cumplido. Era preciso seguir huyendo como antes del Lido.

—Es imposible seguir más tiempo así.

—¿Y qué quieres hacer?

Marta se encogió de hombros antes de responder:

—No sé, salir. Lejos de todo esto, fuera, a mi casa.

A los ojos de Rosa asomó un amago de reproche.

—Es fácil de decir.

—Para eso están las recomendaciones.

—Seguro, pero no hay suficientes para todos. Si no, ¿quién iba a quedar aquí?

—La mayoría, no lo dudes.

—Te equivocas, todos ganaron ya bastante. ¿Para qué van a arriesgarse ahora?

—Entonces sólo queda resignarse

—Esto no va a durar eternamente.

—¿Quién lo sabe?

—Eso se ve en el aire. ¿No has visto como la dueña del café se vuelve cada vez más amable?

Aun así, a Marta le parecía una trampa injusta. Ni siquiera el recuerdo de Mario allá en San Miguel era capaz de justificar su miedo o la presencia de la prima eternamente defendida por su muda arrogancia. A veces sintiéndola tan vecina por la noche se preguntaba si a la postre aquel cerco que se negaba a intentar romper no sería sino un pretexto para no perderla. Mas aquel interés que la halagaba no era más fuerte que su miedo según el tiempo maduraba.

Incluso llegó a soñar que huían las dos, más allá de canales y fronteras cerradas, para vivir en paz en su jardín lejano, tranquilas en la noche hasta rayar el alba. Un día llegó a proponérselo.

—¿Por qué no vienes tú también?

—¿Yo? ¿A España? —Vio en ella, en sus ojos sobre todo, aquel antiguo orgullo que la presencia del marido parecía convertir en desafío—. ¿Para qué? ¿Para volver a lo mismo? Aquí, a fin de cuentas, está a punto de terminar.

—Y tu marido ¿no conoce a nadie?

—Puede ser.

—¿Por qué no pruebas?

Rosa miró a su prima en silencio. Ahora no había orgullo en ella sino un resignarse ante lo inevitable. Se notaba que aquel viaje suponía un sacrificio para ella.

—Podría hablar con él.

—¿Quieres que vaya yo?

—Iremos las dos a ver si todavía está en el *Gazzettino* —respondió.

Y cuando Marta se abrazó a ella, cerró los ojos dejándola llegar en el temblor sombrío de los cuerpos unidos.

—¿Creías que iba a dejarte sola?

Marta no supo responder. Parecía buscar amparo en aquellos pechos ahora cálidos, un refugio donde escapar del miedo y del dolor de aquella breve muerte que sentía cada vez más cercana.

XXI

FUE PRECISO VOLVER a Venecia. La ciudad, tranquila bajo el sol de abril, parecía, más que nunca, dispuesta a sobrevivir en la mancha multicolor de sus palacios, en sus pináculos altivos, a salvo de cualquier sobresalto.

Respetada por uno y otro bando, aún se veía en ella algún que otro uniforme alemán junto a grupos de brigadistas italianos, gente de cine dispuesta a seguir el camino del Norte, rumbo al lago de Como, en cuyas orillas la aristocracia gozaba días mucho más tranquilos y mejores.

Según el barco cargado de soldados se iba acercando al muelle, todo aquel mundo ahora más apagado venía al encuentro de las dos amigas. Luego Rosa, como quien sabe el camino de memoria, encaminó sus pasos hacia la redacción del *Gazzettino*.

Fue inútil preguntar a un bedel ocupado en calentar su falso café, dispuesto a combatir hambre y sueño a la vez. Tan sólo le sonaba vagamente el apellido que Rosa repetía. Lo más que puso de su parte fue llamar al nuevo jefe de redacción, que apareció al fondo de un remoto pasillo. Él sí se acordaba del primo que, según explicó, ya no trabajaba allí.

—*Lavora a Radio Tevere.*

—*Ma, come a Radio Tevere?*

De pronto todo aquel mundo alzado a su medida se le vino a Rosa abajo, según iba conociendo la verdad de aquella voz en la que tanto confiara. No se trataba de ninguna emisora aliada, ni mucho menos de alguna oculta resistencia. El propio Mussolini y sus colaboradores le habían dado forma, la lanzaban al aire en Milán a fin de levantar los ánimos de sus oyentes, cosa que cada día conseguían. Por ello estaba allá el marido que en Venecia buscaban, escribiendo, preparando falsas entrevistas, reclutando gente que el hambre hacía llamar a su puerta día tras día.

Rosa escuchaba muda y el amigo, viéndola hundida junto a Marta, le preguntó con ironía:

—*Ma, e tu da dove vieni?*

¿De dónde iba a venir? De un pueblo, de una isla vecina y a la vez lejana por su culpa, cerrada a todo lo que no fuera aquella voz esperada cada noche que ahora, para su mal, venía a ser, en cierto modo, la del mismo marido.

Y por si no fuera bastante, el amigo insistía contando cómo desde un principio se le quiso dar apariencia de radio libre, dejada atrás por los avances aliados. Cantantes, músicos, periodistas venidos del frente trabajaban en ella, en Milán, donde tenían lugar aquellos fingidos conciertos que a Rosa tanto entusiasmaban. Todo el mundo debía de saberlo menos ella, que callaba sin saber qué responder.

Sin embargo supo permanecer fiel a su promesa de intentar siquiera hablar con él, quizá porque en ella andaba su propia estimación, su orgullo que le hacía pedir su dirección como si nada hubiera sucedido.

Así supo que se alojaba en un hotel cercano al teatro Lírico. Lo difícil era llegar a la ciudad con los transportes en manos de los alemanes. Fue preciso perder un día entero hasta tomar un tren, incluso seguirlo a pie ante la duda de si los puentes se mantendrían sólidos a su paso. En tanto la máquina a solas los iba comprobando, a Marta aquellos rostros impasibles, asomando sobre impecables uniformes, le recordaban los de su guerra anterior, ajenos a todos, ya se tratara de españoles o italianos. Tan sólo entre sí hablaban su lengua imposible de entender; tan hostil como los boletines de la radio y su lista de hebreos detenidos. Se echaba a temblar. Sólo el ejemplo de Rosa, que parecía ignorarlos, la ayudaba a mantener en alto la mirada perdida en el torvo horizonte.

Una monótona sucesión de relámpagos alumbraba a lo lejos restos de fábricas en ruinas, rieles levantados, pueblos enteros sin tejados.

De cuando en cuando el convoy se detenía; sonaban a lo lejos órdenes y disparos para después reanudar la marcha hasta aquella lejana estación donde esperaba el nuevo calvario de cruzar a pie una ciudad desconocida.

Ahora el mundo de Rosa parecía reducido al trozo de papel en el que el redactor amigo había anotado las señas del hotel del marido. No resultó difícil dar con él; lo malo fue la espera incierta con el estómago vacío.

—Vete tú a tomar algo —aconsejaba Rosa.

Pero Marta, recordando la amarga achicoria de siempre, prefería quedarse a su lado. El bar se hallaba cerrado y salir le parecía desertar.

Cuando al cabo le vieron aparecer en el vestíbulo, ninguna de las dos pudo evitar un suspiro de alivio.

—¿Qué hacéis aquí? —preguntó viendo aquel pelo dorado convertido en rebelde despojo, las medias lunas de los párpados, los zapatos cubiertos de polvo.

—Veníamos a hablar contigo.

—¿De qué?

Cuando supo la razón del viaje, torció el gesto mientras respondía:

—Eso está muy difícil ahora. Si se tratara de Suiza aún, pero España no nos reconoce, de modo que no van a dejarla marchar fácilmente.

—De todos modos lo puedes intentar.

Quedó pensativo durante unos instantes, quizás pendiente de un nuevo rumor de explosiones que venía acercándose.

—Mira, vamos a hacer una cosa. Mañana habla el Duce aquí.

—¿El Duce? ¿Pero no está en Saló?

—No importa —el primo trató de calmar a Rosa—, el caso es que viene. El discurso va a ser en el Lírico. Allí no faltará nadie. Puede que alguno quiera echaros una mano a cambio de cualquier favor en la radio. Ahora se interesan por ella hasta los mismos alemanes.

Y en tanto se alejaba camino de recepción, Marta preguntó a Rosa.

—¿Tú crees que conseguirá algo?

—Por lo menos una habitación.

El hotel se hallaba reservado a tope, pero aun así le dieron una de servicio.

—Por lo menos podéis dormir aquí esta noche —explicó el primo dándoles la llave.

Marta no olvidaría su ademán al despedirse de Rosa, cordial pero definitivamente lejano, ni aquella alcoba, quizás nido secreto tiempo atrás, con su lecho desnudo convertido en purgatorio donde caer rendidas, abrazadas.

Un continuo rumor de voces acabó de despejar su sueño al día siguiente.

—¿Qué pasa ahora? —preguntó Marta, sobresaltada.

—Será ese maldito discurso. La historia de siempre. Como si la gente no tuviera otra cosa en que pensar.

Sin embargo, más allá de las negras cortinas que amortiguaban la luz por la noche, Marta veía un torrente cada vez más apretado en la calle, siempre en la misma dirección.

—Va mucha gente —murmuró.

Rosa se alzó y su sueño pareció borrarse al punto.

—Querrán verle de cerca por última vez.

De nuevo sus ojos se encendían en tanto Marta se preguntaba qué pasión especial unía a Rosa con los que cruzaban bajo la ventana. Quizás sintiera idéntico interés a pesar de sus eternos prejuicios. Por ello, para hacerle el camino más fácil, propuso, aparentando no dar demasiada importancia a sus palabras:

—Si quieres nos acercamos un momento. Sólo mirar.

Rosa quedó dudando a su pesar.

—¿Para qué? Lo conozco de sobra.

—Pero yo no. Además, ¿qué hacemos aquí las dos solas? Mientras que no termine, tu marido no aparece.

Más que el rumor intermitente de la calle, la empujaba fuera de la habitación una especial curiosidad por conocer de cerca a aquel de quien su destino dependía.

—Sólo un momento y nos volvemos.

—Como quieras.

Allí estaban, entre la multitud, escuchando, ante el teatro repleto de uniformes y medallas, los aplausos a los que respondía fuera un coro constante de ovaciones cerradas. Marta, mirando a Rosa, observando su rostro, se preguntaba qué pensaría a lo largo de aquel tiempo quizás resumen de su vida toda. Puede que, como de costumbre, riñera en su interior una guerra constante en la que la pasión reinaba sobre todo lo demás, haciéndola aborrecer o amar sueños que en torno imaginaba. A medida que el entusiasmo crecía, la notaba más pálida. Menos mal que el discurso apenas se entendía en aquel mar revuelto donde las dos flotaban.

Cuando por fin apareció en la puerta, Marta se llevó una gran decepción. Aquél no era el guerrero de presencia imponente que conoció en carteles y retratos. Sus ojos, su figura, no parecían ya desafiar a nadie, sólo extendían en torno una mirada parecida a la de Rosa, ardiente en ocasiones, entre el bosque de brazos levantados. Su viejo uniforme sin cruces ni condecoraciones llamaba la atención entre tantos como le rodeaban cargados de metal brillante, como si su antiguo esplendor hubiera ido a parar a aquella corte que luchaba por ocupar un lugar destacado ante los fotógrafos.

Cuando le permitieron subir al coche que impaciente esperaba, aún se entretuvo repartiendo saludos, volviendo a alzar al cielo el brazo para después correr rumbo a su destino.

—Le queda un año —murmuró Rosa al oído de Marta, en tanto la multitud se deshacía.

Pero Rosa, una vez más, se equivocó. Meses después

moría. No quiso ir a verlo colgado de los pies en la plaza de Loreto.

Prefirió quedarse con ella hasta el día de su despedida, algún tiempo después, cuando Marta partió camino de su jardín durante tanto tiempo añorado y perdido.

Tercera parte

XXII

Así MARTA, de nuevo en su ciudad, se convirtió en «la
viuda del jardín», dueña y guardiana de un cerrado
paraíso abierto sólo a los pájaros y a los gatos. Cuando
la lluvia se alejaba, podía adivinarlos en sus guaridas,
soñolientos a ratos, esperando la noche para llenar sus
horas con lamentos de amor entre los jaramagos. Con
las desnudas copas de los álamos arañando la aurora,
llegaban hasta la ventana donde su mano les repartía
comida; luego se transformaban en imagen de aquel
tiempo muerto quedando inmóviles, soñolientos, a lo
largo del día.

Marta pensaba que eran para ella como aquellos
años. Ni la lluvia ni los truenos pasados o presentes
parecían capaces de alterar su destino o su sueño, ni
siquiera el día en que el cuerpo de Mario llegó, tras
mucho batallar, desde su cementerio veneciano.

Viuda de un jardín y un nombre, el tiempo se des-
lizaba lentamente a sus pies, lo mismo que a lo lejos
el vago planear de los milanos.

Miserias ajenas, huelgas, hambres, amenazas de
guerras que no llegaban a estallar navegaban por el
horizonte sin detenerse nunca, resbalando sobre la mu-

ralla para ser arrastrados río abajo como jirones de una vida que la memoria se obstinara en rechazar.

Ni siquiera alteró la calma del jardín o de los miradores aquella caravana de autobuses camino de Madrid organizada para protestar o celebrar un acontecimiento que no recordaba. De haberse asomado, la hubiera visto volver a medianoche con sus banderas arriadas y sus gargantas rotas, luciendo aún viejas medallas sobre raídos uniformes. Los rostros no eran aquellos que conoció bajo los pinos y, como huyendo de un espejo múltiple, aquel día no salió de casa ni siquiera para su paseo hasta la catedral, la farmacia o el hospital que ahora la veterana regentaba. Año tras año, un día se parecía a otro como los mensajes que a través de la radio una voz eterna dirigía por Navidad.

La ciudad iba creciendo, no ante la muralla donde el río se alzaba como barrera infranqueable, sino en sentido opuesto, en busca de los pinos.

Cierta mañana amaneció la fachada de la catedral pintada con letras de alquitrán pidiendo libertad. Fue preciso picar la piedra y durante todo un día no se habló en la ciudad de otra cosa.

Incluso el administrador, tan puntual y discreto siempre, aludió al suceso antes de echar un vistazo a sus papeles.

—Libertad ¿para qué? ¿Para volver a enzarzarnos en otra guerra? ¡Quite allá! Con una ya tuvimos bastante.

Nadie quería volver la vista atrás, incluso aquel pintor, amigo del padre, que un día volvió a su casa sobre la muralla. Su ausencia prolongada no le había cambiado demasiado. Por el contrario su madurez le había mejorado.

Cuando Marta le preguntó la razón de su vuelta, respondió:

—Ya ves —mostrándole un par de retratos recientes—. Siempre se vuelve al lugar del crimen. El tuyo, en cambio, está todavía por hacer.

—¿Vas a quedarte mucho?

Se le quedó mirando pensativo, antes de responder:

—Depende. Ahora tengo un estudio en Madrid.

Marta paseó la mirada en torno, abarcando la casa sin ordenar aún.

—Y con esto ¿qué piensas hacer?

—No sé... —repuso— puede que lo venda o lo deje. Como decía tu padre, yo soy ave de paso.

A más de trashumante, era difícil de convencer cuando alguna idea rondaba su cabeza. Se empeñó en satisfacer aquella lejana deuda y Marta tuvo que ceder.

En el bochorno de la tarde iba naciendo sobre el lienzo otra Marta distinta de la que imaginó, un rostro en el que un gesto amargo parecía borrar pasadas ilusiones.

—¿Ésa soy yo? —se impacientaba.

—Espera que termine. —Y, tratando de alejar sus dudas, preguntaba a su vez—: ¿Sabes que ayer me encargaron otro más?

—¿Dónde? ¿Aquí?

—Uno de la Diputación. Quiere que pinte a su mujer.

—Se ve que han corrido las voces.

Y en tanto lo decía, Marta se imaginaba los comentarios de la ciudad ante aquellas solitarias visitas.

Ahora que cada fortuna alzada a la sombra de la guerra exigía en su salón principal la imagen de la dueña de la casa, su amigo parecía dispuesto a satisfacer tales deseos aun a costa de cualquier sacrificio.

—De seguir a este paso, vas a hacerte rico.

Al amigo aquel riesgo no parecía importarle demasiado.

—El día que me canse, cierro el negocio y me vuelvo a marchar.

Oyéndole, Marta pensaba si tras de tantos años no la habría acabado idealizando, comparando aquel torpe retrato con el desnudo que siendo niña descubrió en el mismo cuarto. Quizá la traicionaba la memoria o quizás él también se hubiera traicionado a sí mismo pensando en el dinero como todos. Cuando se decidió a decírselo, volvió a encogerse de hombros.

—Puede ser, pero eso que tú dices no lo ven los demás.

Marta pensó que quizás en aquel rostro apenas terminado se hallaran no su frente o sus labios sino el exilio de Pablo, la muerte de Mario, o el mar dorado de la prima Rosa naciendo a la mañana entre sus manos.

De todos modos lo aceptó, quizá porque tampoco ella quería volver la vista atrás. Primero lo colocó en el salón de la casa, mas cada vez que entraba en él allí estaba su propia imagen esperándola, no se sabía bien si para darle una solitaria bienvenida o simplemente para espiar su sombra y sus palabras. Durante un tiempo lo tuvo en la alcoba pero acabó colgándolo en el cuarto del padre, tal vez huyendo de los dos, de su presencia muda e inevitable.

A Sonsoles en cambio le gustó tanto que al punto quiso otro igual.

—Tienes que hablar con él. Pero no quiero uno de esos como de calendario. Yo lo prefiero como el tuyo. Pagándoselo, claro.

—¿Y por qué no vas tú sola?

—Mujer; yo sola, la primera vez... Además tú te explicas mejor.

Fueron a verle el domingo siguiente y el amigo aceptó:

—Con una condición: no le ponemos plazo. Cuando esté libre te llamo. ¿Conforme?

—Conforme.

—Dame tu teléfono.

Sonsoles dejó sobre la mesa una tarjeta juvenil donde surgían sus señas de un mar terso y rosado.

—¿Ves qué fácil? —comentaba Marta a la vuelta—. Podías haber ido tú sola.

—No lo creas —respondió Sonsoles—. En mi vida pasé más vergüenza. Sólo el día de mi boda, pero aquello era otra cosa.

XXIII

LA BODA DE SONSOLES cerró en su ya lejano día toda una época de la ciudad. En ella se encontraron por última vez amigas de colegios que ya no existían, conocidos del cine de las cinco, noviazgos que no llegaron a cuajar y matrimonios jóvenes junto a madrinas de guerra con su amor reducido a un paquete de cartas melancólicas.

Mirando ya a los nuevos tiempos, la ceremonia se celebró en la ermita donde el patrón de la ciudad velaba antaño sueños y cosechas. Fue preciso acomodarse en los coches de aquella improvisada caravana, aguantar miradas furtivas y, más allá del cristal, el estruendo curioso de los niños. Marta comprendió pronto que junto a Sonsoles y su traje de novia ella era también una esperada novedad capaz de llenar el tiempo muerto a lo largo de la ceremonia. Sola quizá no hubiera asistido, mas allí estaba Carmen a su lado, dudando siempre, calculando cuándo le llegaría su turno ante un altar parecido.

Y en tanto transcurría la ceremonia, solemne y medida como un suave bálsamo, aún se podían descubrir lágrimas escondidas en los rostros o escuchar suspiros. Poco a poco el interior de la ermita parecía menguar con la llegada de nuevos invitados, simples curiosos o apurados parientes.

—¡Está tan lejos esto! —murmuraban entre sí.

—¡Qué ocurrencia casarse en este sitio!

Fue preciso estrecharse aún más; los jóvenes arrastrados por la curiosidad; los mayores por ver de cerca a la pareja. Sonsoles la quiso así. Lo arregló todo a su manera, la previó al detalle. Lo único que le falló a la larga fueron los hijos.

Fue inútil visitar a un médico tras otro; siempre volvía con su dolor a solas. Para hacerle frente invitaba a su casa a sus sobrinas, que le traían ecos de otros mundos al igual que las cartas de Carmen.

Carmen se había casado al fin con su viudo de más allá del océano y solía volver por la ciudad de cuando en cuando, a mostrar sus hijos, aquellos alevines de hombres con su pelo y sus trajes rigurosamente planchados. Había en sus ojos mucho desdén criollo por los parientes de la nueva madre, por las tierras sin arar ni sembrar, incluso por aquella catedral tan pobre que hasta tenía una capilla con reja de madera imitando bronce.

Y aún más que desdeñar, se diría que odiaban aquellos campos vacíos ahora, tantos muros en ruinas, la casa de la nueva mujer del padre cuyo umbral los repelía. Tan sólo les importaba la política, llegar a ella a través de la universidad; sólo soñaban con un París difícil y lejano al que un día habrían de llegar.

Ellos y Carmen, cuando hablaban de lo que sucedía al otro lado del océano, recordaban a Marta al primo de Venecia.

—Nada; allí no pasa nada. Allí el gobierno sabe lo que se hace. Quien se desmanda ya sabe qué le espera: salir del país o un campo de trabajo.

—Entonces —replicaba el marido de Sonsoles— lo mismo que aquí. Hasta en eso somos iguales.

—Allí tenemos presidente.

—¿Qué importa el nombre? La diferencia está en que aquí dura más. Vosotros, en cambio, ¿a cuántos salís al año desde que os dejamos de la mano?

Con las hijas, en cambio, tales disputas no existían, perduraba el orgullo en sus ojos oscuros acostumbrados a herir otras penumbras lejos de estudios y negocios. Parecían nacidas y criadas, más que para el amor, para el placer, desde su acento leve y medido hasta el último pliegue de su oscura piel.

Ellas no odiaban, se contentaban con dejar resbalar sobre su cuerpo canales de rendida admiración, ajenas a problemas de indios y elecciones.

—¿Cómo van a votar —se rebelaba Carmen— si ni siquiera saben leer? Además, ¿es que votáis aquí?

Todos callaban menos Sonsoles.

—¡Mujer, según dices allí sois una república!

—Y aquí ¿qué sois?

—A mí me gustaría saberlo, no creas —respondía el marido por ella—, pero a este paso me voy al otro mundo con la duda a cuestas.

Pero no siempre su tiempo allí, aquel pequeño mundo de las tres, discurría de la misma manera.

Con las hijas ausentes, en Lourdes o en París, los días se alejaban arrastrando consigo fechas, nombres, nacimientos, muertes que venían a repetir los encuentros de antaño al pie de los eternos soportales. Ahora las modas eran más leves, transparentes, los trajes de baño cada vez más breves, y encender un cigarrillo no dejaba tras sí ácidos comentarios. Resultaba difícil llamar la atención, sentirse protagonista por un mes siquiera, en aquel tedio espeso donde languidecían pecados y virtudes aun antes de cumplir el año.

XXIV

A veces llegaba de Madrid el hermano, que ahora vestía
de paisano, cada día con una novia diferente a la que
era preciso mostrar, uno por uno, los rincones del jardín y la casa. Parecía más tranquilo, sin su apurado
afán de juventud, sin sus secretos y su vagar constante.
Quizá no recordaba, pero allí estaba todavía de niño
acechando el temblor de la lluvia en el invernadero
abandonado, rincón de juegos infantiles con una Marta
sometida, entre sillas de mimbre y macetas en las que
el tiempo se había detenido.

—¿Qué buscas? —preguntaba cada vez que le sorprendía allí, a su lado.

—Nada. ¿Dónde te metes?

—¿Y tú?

—Estaba esperando.

—¿A quién?

—¿A quién va a ser? A ti.

Y así los juegos empezaban: esconderse, buscarse,
escuchar la carrera veloz del corazón, intentar sosegar-
lo, entre ruinas que parecían de pronto cargadas de
pasión. La penumbra se hacía más densa y pálida sobre

los rostros de los dos cuando el hermano, tomando entre las suyas las manos de Marta, exigía aquel tributo en el que un común pecado los unía.

Por entonces lo hubiera escrito con letras de azufre y fuego en el diario que nunca llegó a terminar y al que el padre, de cuando en cuando, echaba una ojeada, a pesar del candado dorado.

En vez de ello, callaba, salía desde el húmedo interior a contemplar la fuente de dos caras, una de hombre, la otra de mujer, salvo en los días en que un sol aterido la obligaba a quedar encerrada. Las hojas secas, como recuerdos doloridos, llenaban los caminos, se alejaban barridas por el fango para dejar en el recuerdo ráfagas de relámpagos brillantes en los que a ratos se reconocía. Perduraban como tanto detrito amontonado hasta que el mismo sol los devolvía convertidos en montones de reflejos morados.

Cuando el hermano y la novia de turno se marchaban, un repentino bienestar venía: decisiones siempre aplazadas como escribir a Rosa o escapar a Venecia.

Sonsoles se apresuraba a prometer:

—Ese viaje lo hago yo contigo.

—Lo dices ahora. Luego te desanimas.

—¿Por qué? ¿Por mi marido? Por él puedo hacer lo que quiera. Lo que me falta es decidirme, pero de este año no pasa. No tenemos perdón. Total, un mes y nos volvemos.

Pero aquella aventura siempre quedaba a flor de labios, en un eterno lamentarse que sólo borraban los días primeros de la vecina primavera. Como los heliotropos junto a la muralla volviendo hacia la luz sus corolas, Marta se sorprendía asomada al espejo de la alcoba en el que rostro y ropa parecían ya pasados de moda. Entonces algo en el fondo de su cuerpo, en el

173

cauce escondido de aquel hijo que no llegó a nacer, se revolvía inquieto, empujándola temerosa hacia la consulta de aquel médico amigo de los días del frente.

Cuando pedía hora, llegaba desde el otro lado del teléfono su eterna respuesta:

—Para ti estoy libre. ¿Cuándo quieres venir?

—El jueves, por ejemplo.

—El jueves a las diez, pero no te retrases.

Y a la postre Sonsoles casi siempre se decidía a acompañarla.

Las dos tomaban el tren para llegar puntuales al rito de comprobar nombres y direcciones. Luego Sonsoles se encerraba en su laberinto de revistas de colores en tanto el médico amigo recibía a Marta con su gesto habitual.

—¿Alguna novedad?

—Un poco de dolor aquí —se señalaba el vientre.

—Vamos a echarte un vistazo —ordenaba mostrándole el camino hacia el biombo a su espalda.

Y en tanto tras sus barras blancas iba quedando reducida a aquella sensación de andar desnuda sobre un suelo tan frío, sólo pensaba en la pantalla helada sobre sus pechos tibios todavía y aquel tumbarse luego sobre la estrecha cama.

Como partida en dos por sus duras y a la vez hábiles manos, techo y muros se borraban; su cuerpo sometido corría hacia su escondido y doloroso rincón. Toda ella estaba allí, de improviso, más allá de sus ojos entornados, alerta, atenta, en la oscura veta de sus piernas abiertas al compás de la voz que la llamaba por su nombre, castigándola con posturas insólitas.

—Vamos; así está bien. Quieta un momento, por favor. ¡Buena te hicieron aquí! ¿Dices que fue en la guerra?

174

Era como un amante autómata. Cruel y distante al que Marta se abría, sin un suspiro ni una lágrima.

Más tarde, cuando la voz callaba, de nuevo aquella barrera ya conocida tornaba a alzarse según la enfermera tomaba muestras de su sangre.

—De sueño ¿qué tal vas?

—Regular. ¿No puedes darme algo?

Y en tanto extendía la receta, anunciaba:

—Te mando por correo los análisis.

—Si quieres paso a recogerlos.

—No hace falta; estás bien. Cada día más joven.

Marta se reía agradeciendo sus palabras, luego cruzaba otra vez aquella sala colmada de nuevas impaciencias y esperaba a Sonsoles.

Esta vez la visita era mucho más breve. De nuevo en la calle, Marta le preguntaba como de costumbre:

—¿Qué te ha dicho?

—Lo que todos: que de hijos ni hablar.

—Puede que con el tiempo inventen algo.

—Eso ya está inventado —reía amargamente—. Acostarte con otro y en paz—. Luego en el mismo tono proseguía—: Por este médico sí que me dejaba operar yo.

—Díselo; a lo mejor se anima —replicaba Marta intentando levantar sus ánimos.

—¡Qué cosas se te ocurren! Yo hablaba de estirarme un poco como hacen las estrellas de cine.

En tales cuestiones iban pasando el almuerzo y la tarde de compras. Cuando a la noche volvía cargada de paquetes, la mujer del portero solía preguntar:

—¿A santo de qué traerá tanta ropa?

—Para alguno será, no te preocupes —respondía invariable el marido.

—¡Pero si vive sola!

175

—También vivía solo el padre. Luego ya ves: resultó que en Madrid: querida y casa. Lo que se dice vivir bien.

La mujer callaba ordenando aquel ajuar más leve y transparente cada año. Marta, viéndolo sobre sí, también a veces trataba de imaginar para quién sería, pero de todos modos ceñida por él se sentía más alegre y segura, como si aquella intimidad la penetrase hasta llenarla toda. Amar ¿a quién?, preguntaba a la noche, y la noche callaba como el mismo río bajo la brisa breve de los álamos.

XXV

Como una voz lejana y a la vez amiga, sonó una noche
para Sonsoles la del pintor amigo de Marta a quien
cierto día encargó su retrato. Apenas tuvo tiempo de
alzar el teléfono desde la mesilla y ya preguntaba:

—¿No estarías durmiendo?

—Leyendo un poco.

Con el marido sin llegar aún, solía meterse en cama
con un libro que nunca terminaba. Tras unas pocas páginas aquel mismo teléfono y sus constantes llamadas
alzaban en torno a la ciudad una invisible sucesión de
visitas mucho más eficaz que las antiguas tertulias. Era
capaz de convertirlo en discreto correo o en arma arro-
jadiza.

Esta vez, sin embargo, la llamada del amigo de Marta la pilló de improviso. Ni siquiera reconoció su voz.

—¿Qué? ¿Cuándo empezamos?

—¿Empezar qué?

—¿Qué va a ser? El retrato. ¿O es que ya no te
acuerdas?

Sonsoles reconoció por fin la voz, que añadía:

—¿Cuándo te espero? ¿El lunes, por ejemplo?

Sin saber por qué había pensado que el retrato lo
pintaría en su casa, pero quizás a la postre fuera mejor

así. Sería como una de aquellas visitas al médico. De todos modos aceptó; aún quedaba casi una semana.

—Está bien; el lunes ¿a qué hora?

—¿A las diez te viene bien?

—Depende del tren.

—Bueno, si te retrasas me avisas. De todos modos apunta las señas.

Y tras apuntarlas, preguntó a su vez:

—¿Qué vestido me pongo?

—Eso ya es cosa tuya.

—Está bien.

Sin saber por qué, apenas acertó a despedirse, a borrar aquella voz sin rostro que aún parecía perdurar cuando llegó el marido a casa.

—¿Qué hay? —se desplomó sobre el borde de la cama.

—Nada. ¿Qué va a haber? ¿Cenaste?

—Tomé un sandwich con unos amigos. ¿De veras que estás bien?

—¿Por qué?

—Te noto un poco rara.

Aquella noche, como a lo largo de toda una semana, Sonsoles durmió mal. De poco le sirvió asomarse a la ventana, contar las luces de la vega, seguir en su modesto resplandor el rumbo de la vieja carretera. Fuera, una luna indiferente cumplía su ciclo entre espesas nubes, mientras la catedral cambiaba de color y forma, iba mudando en gris su espinazo solemne. Era inútil leer, intentar mantener la atención lejos de aquel estrecho margen de seis días alzado de pronto, como sus recuerdos, sin sentido aparente.

Soñó que caminaba junto a una Marta niña todavía por los estrechos corredores de su casa. En la buhardilla cargada de despojos, entre cuadros y libros, habían encontrado por azar un enorme baúl repleto de vestidos. Marta había apartado para sí la ropa del padre en tanto ella se dejaba poner blusas y enaguas de colores. Luego las dos se perseguían en un mar de armarios y alacenas vacías hasta caer rendidas, abrazadas, envueltas en sus propias risas. Muy lentamente una laguna de sangre blanquecina parecía inundar la oscura habitación a donde el sol llegaba a través de las grietas del maltrecho tejado.

Tan sólo la campana de la catedral las rescataba devolviéndolas sanas y salvas a la vida, mostrándoles aquel camino amargo que era preciso recorrer para recuperar la pureza perdida.

Con las primeras luces se arrodillaba ante la temida celosía, con la garganta a flor de labios y el corazón batiendo.

Cuando por fin la ventana crujía, llegaba del otro lado la pregunta habitual:

—Vamos a ver. ¿De qué te acusas hoy?

—De lo mismo de siempre.

—¿Cuánto hace desde la última vez?

—No lo sé. No me acuerdo.

—¿Cómo no vas a acordarte? —se endurecía la otra voz, amenazando desde la penumbra.

—Puede que un mes.

—¿Seguro? ¿No has vuelto a hacerlo antes?

—Una semana —sucumbía, en tanto la envolvía un suspiro nacido de la celosía.

—Dime. ¿Vas mucho al cine?

—Como todas.

—Y de novelas ¿cómo andamos? ¿Como todas también?

—A veces leo alguna.

—Pues entre tanto leer y esas películas que dices

te acabarás volviendo loca. Además, el día que te cases no podrás tener hijos. De modo que elige.

A la postre todo quedaba en prometer arrepentirse y una penitencia que a veces cumplía en la misma capilla. Tan sólo demorarse un rato, rezar, humillar el rostro entre las manos y ya podía marchar otra vez limpia y tranquila como antes.

Ahora no era tan fácil. Aquel terco insomnio iba ganándola, llenándola de nuevas fantasías que la dejaban rendida a la mañana con el lecho revuelto junto al otro vacío.

—Cada vez que te veo llegar así —comentaba la dueña de la farmacia— no hace falta preguntar qué buscas.

—¿Cómo me ves?

—No sé —dudaba—. Con cara de haber dormido mal. —Y en tanto lanzaba una ojeada a la receta, añadía—: Yo también las tomé hace tiempo. No son para dormir.

—Entonces ¿para qué?

—Para evitar preocupaciones. A mí me fueron bien; luego, cuando volví a dormir, las acabé dejando. De todas formas si algún día las necesitas no tienes que traer receta. Tarde o temprano todas las acabamos tomando. Tu amiga Marta, por ejemplo.

El remedio fue bien; tanto que el día de ir a Madrid la criada tuvo que despertarla.

Intentando salvar a duras penas aquel necio naufragio, sin encender la luz, cargada aún la cabeza de sueño y pesadillas, consiguió alcanzar el cuarto de baño.

—¿Dónde vas a estas horas? —llegó de pronto la voz del marido en tanto se encendía la pantalla sobre la mesilla, dejándola desprevenida.

—Voy a Madrid, con Marta —respondió al fin.

—¿Otra vez de compras?

—Va a esperar a unos amigos a Barajas.

—¿Y qué pintas tú allí?

—Es que también son amigos míos.

No hubo más. Tan sólo el crujir de la cama y el definitivo despertar de Sonsoles bajo el agua de la ducha. Era tonto —se dijo—, pero aquella mentira la resarcía de tantas otras admitidas por ella, justificando ausencias en la cama vecina. Peor fue rogar a Marta por teléfono desde la estación:

—Oye: me voy a Madrid. Hazme un favor: si mi marido llama, fuiste conmigo.

—¿Y si me lo encuentro? —preguntó Marta al otro lado del hilo tras dudar un instante.

—No sé. Dile que he vuelto antes. Se trata del retrato que va a hacerme tu amigo.

—¿Y para eso tanto misterio? —preguntó con ironía.

—Es para darle una sorpresa.

A Sonsoles la molestó el tono burlón de Marta que, sin embargo, la ayudó a salvar la barrera de la propia timidez camino de Madrid.

—¿Siempre eres tan puntual? —le preguntó el amigo, lanzando una mirada a su vestido.

Después, inmóvil, bajo su mirada, sus ojos iban anotando no sólo el ir y venir constante de sus manos o su ropa manchada sino también el estudio entero con su diván al fondo rodeado de cuadros.

—Me enseñarás alguno —murmuró.

—Son todos bastante malos.

El diván, en cambio, se hallaba donde debía, en un rincón discreto que a Sonsoles le recordaba aquel otro con la mujer desnuda sobre un fondo de raso, descubierto con Carmen y Marta.

El primer día el tiempo se les fue en un instante.

—Por hoy terminamos. ¿Me dejas que te invite a comer?

—Hoy no puedo. Otra vez.

El amigo hizo un rápido cálculo.

—La próxima vez puede ser el viernes. —Y viendo que consultaba su reloj, procuró tranquilizarla—. No tengas prisa. Te llevo a la estación.

Era uno de aquellos primeros coches diminutos donde, al decir de las amigas, se podía subir con total confianza.

—Son tan pequeños que no puedes ni revolverte —decían—. Tienes suerte si te caben las piernas.

Al separarse, notó sobre las suyas la mano de su acompañante a modo de cordial despedida.

—El viernes. No te olvides.

—No me olvido. Descuida.

A lo largo de las sesiones siguientes aceptó almorzar con él y más tarde un paseo por el parque vecino. Por entonces el amor se perseguía con saña. Guardianes insólitos acechaban en jardines y plazas donde los bancos habían sido retirados para rendir a las parejas con un vagar eterno bajo las sombras de los plátanos. Un olor a leña quemada traía entre los chopos y los tilos recuerdos de una niñez lejana y a la vez el miedo de volverse a encontrar con el marido en casa.

Como él, solía comentar el amigo:

—Tienes cara de fatiga.

—Puede que un poco.

—Si quieres volvemos y descansas un rato.

Le costó trabajo decidirse, pero luego fue todo tal como imaginaba: ella torpe y el amigo demasiado seguro. Tanta sabiduría molestaba al principio, a pesar de su cabeza aturdida, de aquella boca que se iba abriendo paso por el camino de su cuerpo cálido; sobre aquel diván testigo a buen seguro de tantos otros amores olvidados.

Después, con el momento de vestirse, vino aquella nueva sensación hostil de vacío, como poner en marcha una pesada máquina, no aquel coche pequeño que cruzaba un Madrid maltrecho todavía a pesar de sus montañas de cemento.

Cuando su amor se hizo costumbre, como decían por entonces los eternos seriales de la radio, tal vez era ya tarde; el retrato caminaba a su fin, más allá de almuerzos, nuevos pretextos y preguntas que era preciso discurrir, respondiendo a las preguntas de Marta:

—¿Para cuándo termina?

—Ya va faltando menos.

—El mío lo hizo en unas pocas sesiones.

—Es que a ti te conoce más.

—A este paso, no sé qué te diga.

Trataba de hacer frente a sus veladas ironías pero no siempre acertaba con la ocasión y el tono. Tal vez la ciudad entera pensaba como ella, incluso su marido, cuando hacían balance a su vuelta.

—¿Qué tal Madrid?

—Igual. Creciendo como siempre.

Después el rito del amor se cumplía y cada cual pensaba en su próximo viaje.

Era como un continuo devorarse, desdoblarse en espacios infinitos de la cama al diván, una noche tras otra, buscándose a sí misma, imaginándose saturada de amor, vomitando amor cualquier oscura madrugada, alzándose, acostándose con una ciega sensación de tiempo huido como a veces el amigo repetía.

Un día la miró pensativo con el pincel inmóvil en el aire.

—¿En qué estás pensando?

—En nada —respondió volviendo al retrato—. Me estaba preguntando qué harías si hiciéramos un hijo.

—¿A qué viene eso ahora?

—Todo puede ser. ¿Se lo dirías?

—¿A quién? ¿A mi marido?

—¿Le dirías que es suyo?

—Me las arreglaría. Tú no te preocupes.

Lo peor de los hombres era que nunca llegaban a comprender que su mayor deseo era cambiar su vida sin demasiado esfuerzo, con el mínimo riesgo, como volviéndose a casar. Incluso su marido ¿qué sabía? Tal vez fuera capaz de leer en sus ojos, en su fingido amor de compromiso, la verdad de sus silencios y sus viajes.

A veces sintiéndole tan vecino por la noche se la hubiera confesado pero el sueño llegaba, tras una sensación de tiempo perdido, en la que parecía flotar sin saberse perdonada o no, o al menos comprendida. Cada vez le resultaba más difícil deslizarse en la penumbra de la alcoba, desnudarse, mirar la ropa al pie tan parecida a la de Marta, hundirse entre las sábanas hostiles y apagar la luz bajo el cuerpo del marido remoto. Sus palabras apenas tenían otro sentido que el de siempre; vagos proyectos, dudas, viajes que apenas llenaban tras del amor precipitado el silencio del cuarto. Para acabar con él, como tantos otros matrimonios amigos, incluso cambiaron de casa y barrio rumbo a unos nuevos muros rodeados de césped y piscina que nunca llegaba a funcionar del todo.

—Hace demasiado frío aquí —explicaba Sonsoles a las amigas—. Sólo en verano se está a gusto en el jardín.

Y desde aquel costoso césped tan difícil de mantener vivo como su propio matrimonio, Sonsoles esperaba la llegada del marido ante aquella casa pagada a medias, terminada a medias, vecina de aquellos cerros batidos un día por continuos disparos.

—¿Qué pasa? ¿No te gusta? —preguntaba el marido viéndola ensimismada.

—¿Cómo no va a gustarme? Sobre todo el día que esté terminada.

—Son sólo unos detalles, poca cosa.

Todo ello venía a su memoria ahora, una vez en la calle, mientras un viento de rencor le subía del corazón a la cabeza. Sintiendo sobre sí la tarde fría, el deambular oscuro de la gente, incluso las voces del mercado negro ofreciendo barras de pan y tabaco, se sintió ridícula con su remedo de pasión ante aquellas puntuales visitas.

Así, un día se acabaron los viajes y las llamadas a Marta.

—¿Ya no me necesitas? —preguntó con su tono burlón.

—No. Ya está terminado todo.

—Enhorabuena. ¿Quedó a tu gusto?

—Puede pasar. Lo que hace falta es que le guste a mi marido. Él es el que lo va a pagar.

—Para eso están, ¿no te parece?

—Si bien se mira, a lo mejor tienes razón.

El marido pagó de mala gana aquel retrato que nunca le llegó a gustar pero que, como todos, acabó presidiendo el salón familiar.

XXVI

Y AL FIN UN DÍA llegó el tiempo de los jóvenes. Todo empezó —pensaba Marta— con aquel cine club que se empeñó en sacar adelante el hijo del dueño de aquel otro donde mató tantas tardes con Sonsoles.

Las sesiones ahora no eran ya como entonces, ni por supuesto las películas, ni siquiera la forma de pagar. La función comenzaba pasada medianoche tras la tradicional, con un sabor a fruto prohibido que añadía mayor interés al espectáculo.

—¿Vas esta noche? —llamaba puntual Sonsoles.

—¿Qué película dan?

—Me han dicho que una italiana sin cortar.

—¿Sin censurar? Me extraña.

—Que no, mujer. La ha prestado no sé qué instituto de Madrid.

Las luces de la fachada apagadas y la plaza vacía daban a aquellos nocturnos espectadores cierto aspecto de conspiradores que no les molestaba demasiado en tanto esperaban a que se abriera a medias la puerta del local.

Al fin el hijo del dueño aparecía susurrando:

—Hale; ya podéis pasar.

Y tendía la mano convertido en fugaz portero y empresario al que era preciso pagar sin recibir a cambio sino nuevas prisas.

Buena o mala la película, resultaba un alivio no tener que soportar el habitual noticiario con idénticos rostros repetidos año tras año; sin embargo tanto Marta como Sonsoles echaban de menos aquellos largos descansos donde charlar o discutir, examinar modas, vestidos, peinados, entretenerse en mudos desafíos con rivales a las que luego criticar. Tampoco se parecía en nada aquella helada penumbra que era preciso resistir embutidas en el recio abrigo, ni la salida apresurada camino de casa, como huyendo de la sala. Las nuevas películas no conseguían mantener el interés de Sonsoles y Marta. Siempre acababan decepcionándolas. Ninguna de las dos reconocía aquella Roma en ruinas, toda guerra y miseria, tan diferente de la que ofrecían antes las comedias de la sesión de tarde. Tampoco los nuevos galanes las hacían soñar como los anteriores, borrados por un aluvión de rostros anónimos.

—Será cuestión de edad —murmuraba Marta.

—Yo creo que es cuestión de gusto nada más.

Pero el nuevo cine para ellas tedioso, difícil de entender a veces, entusiasmaba en cambio a los jóvenes. Viéndolos conmoverse ante aquellas imágenes que a ellas tan poco decían, Marta solía murmurar a la salida:

—Desengáñate, Sonsoles; esto no es para ti ni para mí. Aquí estamos de más.

—No veo por qué —replicaba la amiga, molesta—, no somos tan mayores.

—Es que el tiempo corre más de prisa que nosotras. No tienes más que volver la cabeza.

Tenía razón. El mundo cambiaba veloz no sólo en la pantalla sino más acá, en aquellos rostros donde ya empezaban a apuntar revueltas melenas y tímidas barbas.

Así aquel cine club casi secreto se volvió floreciente durante cierto tiempo devolviendo a la vida, noche tras noche, una constelación de secretos refugios dispuestos a acoger a los espectadores. Entre vaso y vaso seguían las discusiones hasta la madrugada, sazonadas en ocasiones de voces que hacían iluminarse los oscuros balcones de la desierta plaza.

Una vida noctámbula distinta, vago reflejo de la que a aquellas horas animaba en Madrid parecidos rincones, puso de moda lugares olvidados y besos menos furtivos que antes, capaces de poner a la ciudad en contra.

—No sé de dónde sacan el dinero.

—Trabajarán en algo.

—¿Trabajar ésos?

—De algún modo se las arreglarán. No vivirán del aire.

—Eso es lo malo: que siempre se les ocurre algo a costa de los demás.

Incluso el viejo dueño del local llegó a pensar en suspender las sesiones del hijo, pero no fue preciso, las buenas películas podían verse ya en Madrid, en otros cines parecidos, aprovechando el viaje para buscar nuevos discos y algún que otro libro más o menos prohibido.

También para Marta el tiempo se detuvo ante la muralla. Dejó de resbalar sobre ella para acabar haciendo sus nidos en sus muros. Primero fueron torpes huecos con modestas tiendas. Luego aquellos primeros moradores traspasaron sus negocios subterráneos a anticuarios cuando no a dueños de bares que acabaron convirtiéndolos en las primeras salas para la juventud.

A la noche no llegaba del río el rumor de los álamos, sino coros de voces prolongados hasta la madrugada. Aquel afán repentino llegó incluso hasta la misma Sonsoles, que una mañana apareció temprano por la casa de Marta.

—¿Hablaste con tu hermano por fin?

Recién salida de su sueño artificial, Marta trató de hacer memoria. Recordaba algo relativo a la cultura y su casa.

—No; no hablé con él.

—Pues nosotros sí.

Y el ademán de Sonsoles encerraba también a su marido.

—Perdona la hora —explicó paciente— pero hay cosas para las que el teléfono no sirve. Se trata de unas obras que pensamos hacer.

—¿Aquí? —preguntó Marta comenzando a alarmarse.

—No te preocupes —trató el marido de tranquilizarla—, tu hermano lo sabe y en principio está de acuerdo.

—En realidad —aclaró Sonsoles— fue el primero en ofrecer la casa para el centro.

—Pero ¿qué centro?

—Algo así como una Casa de Cultura pero sin grandes pretensiones. Ya sabes: alguna conferencia que otra, exposiciones regionales y un par de despachos para una revista que quieren sacar.

—Y todo eso ¿quieren hacerlo aquí?

—No te preocupes —repuso el marido—. Sólo se trata de aprovechar el piso bajo. Donde tú vives se queda como está.

Marta no se explicaba el silencio del hermano, aunque a fin de cuentas solía tratarla así en cuestiones de propiedades o herencias. Antes que pedir nada prefería darlo por hecho, contar con su pasividad. Además él no vivía allí; su intimidad, su reino, el cauce entero de su vida no se vería asaltado, roto por aquel nuevo tiempo más temido que el tedio.

El tedio, su demonio, había vuelto a hacer presa en Sonsoles, que antes de una semana extendía sobre la mesa del salón dos laberintos grises repletos de rótulos y trazos.

Marta se imaginó en el centro de aquel solar desconocido, abstracto.

—¿Y por qué tienen que hacerlo en esta casa?

—Porque es la mejor. Además sólo sois dos propietarios y es más fácil llegar a un acuerdo. Las que podrían servir también, pertenecen a familias enteras de primos y sobrinos. —Luego Sonsoles bajó la voz y Marta creyó ver la sombra del hermano oyéndola añadir su postrera razón—: La verdad es que sobra un dinero este año en la Diputación. Es más difícil devolverlo que gastarlo. ¿Entiendes ahora por qué tanta prisa?

Al hermano el proyecto de contrato no le parecía mal. Lo tenía en Madrid sobre su mesa, en el despacho.

—No te dije nada porque estas cosas casi nunca salen.

—Pero ésta sí.

—Sí; eso parece. Me enteré de lo que andaban buscando y yo les ofrecí ese piso bajo. No te preocupes; no se trata de vender o comprar.

—¿Así de fácil?

—Si quieres verlo, ahí tienes el contrato. Debes leértelo para saber si te decides a firmar.

Pero el hermano sabía bien que ella no era capaz

de entender una línea y, por si fuera poco, volvía a la carga:

—Además, van a nombrarte directora.

—¿A mí? —preguntó Marta más asustada aún.

—Sí; a ti. No pongas esa cara.

—Hará falta tener al menos la carrera. Sonsoles dice que habrá una comisión.

—Pues que os hagan un hueco a las dos. El caso es no perder de vista ese dinero.

—A lo mejor no es tanto.

—El que sea.

—¿Y si no aceptan?

—Déjalo de mi cuenta; todo en la vida puede negociarse.

Marta, al fin, aceptó. Quizá —pensaba— tuvo razón en vida Mario cuando preguntaba:

—¿Sabes qué dicen de vosotros? Que con guerra y sin ella tú y tu padre vivís a costa de tu hermano los dos.

—¿Y tú también lo crees?

—Yo entiendo poco de esas cosas.

Pero hubiera sido preciso aparentar ser ciega como él para no comprender que, a pesar del tiempo transcurrido, la ciudad se había convertido en frente de oscuros negocios que el hermano y un puñado de amigos manejaban desde sus despachos de Madrid. Él no dejó pasar en vano aquellos años encerrado en un rincón del jardín, había hecho presa en ellos tal como el padre preveía, atento siempre a un porvenir que a buen seguro acabaría con una boda memorable.

XXVII

DE NO HABER SIDO por aquellas pastillas tan amigas
ahora, de haberse hallado en pie contando como de
costumbre las horas de la catedral, adivinando su campana ronca de vientos y años, la mañana la habría sorprendido lejos del mar agitado de las sábanas.

De pronto, a mediodía, la calle ante el portal hervía
en carreras y voces, maldecía, reñía una batalla desigual
contra los guardias que no era difícil adivinar perdida
de antemano. Sólo cuando quedaron las aceras vacías,
llamó el portero desde abajo:

—Señora, bajc, por favor.

—Ya puede abrir si quiere —respondió tras un vistazo desde el mirador—. No hay nadie.

—Iba a hacerlo, pero no es eso. —Ahora asomaba
desde el zaguán su maciza cabeza, sus ojos demasiado
pequeños—. Mejor que baje aunque sea un momento.

Marta obedeció de mala gana, luchando todavía por
espantar el sueño.

—¿Qué sucede?

Y en tanto preguntaba, descubrió a la muchacha
tendida sobre uno de los bancos de la entrada.

—Se me metió antes que cerrara —se justificó el

portero—. Debieron de darle un golpe o se cayó. Tiene un poco de sangre.

Marta pudo comprobar su rostro donde un rasgo rojo se extendía como un mal maquillaje.

—No es nada; me empujaron —murmuró intentando alzarse para ganar la puerta.

Apenas avanzó unos pasos y ya era preciso sostenerla para que no cayera sobre el suelo de guijarros.

—¿Qué hago, señora? ¿Llamo al médico?

—Le digo que estoy bien —la oyeron protestar.

—¿No pensarás salir así a la calle? ¿Has visto cómo tienes la frente?

La muchacha alzó la mano y viéndola teñida de rojo se dejó llevar escaleras arriba.

En tanto el portero abría la cancela tras echar un vistazo a la acera, la muchacha, en el cuarto de baño, procuraba aguantar como mejor podía la húmeda brasa del alcohol.

—¿Viniste sola? —preguntó Marta.

—Con unos amigos. Quedaron en que vendrían a buscarme.

—¿A dónde? ¿Aquí?

La muchacha asintió ante el espejo.

—¿Y por qué aquí precisamente? —preguntó Marta, perpleja.

—Porque pensaba venir a saludarte.

—¿A mí?

La muchacha se volvió en la penumbra.

—Me lo dice siempre mi padre: «Pásate por su casa. Si la ves, dale recuerdos de mi parte.»

Marta se la quedó mirando.

Cuando su nombre y apellido le dijeron que la hija de Pablo estaba allí, ante ella, se preguntó si no lo habría adivinado antes, si su interés repentino por ella desde que la descubrió en el zaguán no vendría de aquel Pablo lejano al que la muchacha en cierto modo se parecía. En sus rasgos, en su pelo de chico, breve y recortado, en su mirar más allá de la taza de café, aquella sombra, a su pesar, volvía.

—¿Qué tal le va? —preguntó por romper su silencio.

—¿A mi padre? Bien. La verdad es que nos vemos poco.

—¿Quieres llamar a casa?

—¿Para qué? —respondió la muchacha—. Además no habrá nadie. Los domingos va de caza. De todas formas toma el número.

—Podemos probar —respondió Marta mientras lo apuntaba.

—Mejor más tarde. Hasta la noche no hay nada que hacer.

Su ademán parecía gobernar su pequeño universo. Marta se dijo que quizá prefería esperar a alguno de aquellos compañeros que poco antes corrían ante los guardias, mas cuando la catedral hizo sonar la campanada de la una ninguno había aparecido aún. Las horas de tensión, el sueño se iban cebando en la muchacha que, tras un breve almuerzo, apenas conseguía mantener los ojos abiertos.

—¿Por qué no te echas y descansas un poco? Si vienen a buscarte, te aviso.

La muchacha no contestó. Quizá no se fiaba del todo de aquella amistad alzada de improviso a la sombra del padre. Finalmente el sueño pudo más y se dejó llevar a la alcoba de Marta que, tras cerrar la puerta, se preguntaba aún cuánto habría de Pablo en ella y cuánto de la madre que ni siquiera mencionó desde que entró en la casa. Quizá se pareciera a ella en aquellos sus ojos altivos, en sus pechos grandes, derramados ahora, en sus caderas escurridas, en aquel cuello recto envuelto de una maraña de cristales. La misma madre, a su vez, ¿cómo sería? ¿Dulce, amable, cambiante como todas o lejana y arisca como su sombra manchada de sangre?

De nuevo se lo preguntó cuando, ya mediada la tarde, apareció en el salón.

—¿No llamó nadie?

—Nadie. Esos amigos tuyos se lo toman con calma.

—Puede que les hayan detenido.

—Puede ser. Y tú ¿qué vas a hacer?

—Marcharme.

—El último tren para Madrid sale a las diez.

—Es que no voy a Madrid.

Las dos quedaron en silencio. Del jardín llegaba el rumor de la fuente.

—Si quieres te acerco donde quieras ir.

Fue preciso insistir de nuevo. Luego, por fin, cedió, murmurando nada más salir a la carretera:

—No es por ahí.

—Tú me dirás por dónde.

La ciudad quedó atrás sobre la hoz del río, y en tanto el coche se abría paso entre bosques de robles, Marta le echó un vistazo a la aguja de la gasolina.

—¿Hay por aquí un surtidor?

—En el cruce siguiente.

Sobre un montón de establos rotos se alzaba la muestra de un bar donde también las tazas, como el viento, despedían un aroma especial cuyo nombre no acertaba a adivinar.

—Es té de monte —confesó la muchacha—. Lo toman mucho por aquí.

Allí, en su mundo, parecía más amable, como aquella agua amarga que era preciso endulzar con unas cuantas cucharadas antes de decidirse a llevarla a la boca.

Más adelante, ya en el coche, la muchacha siguió mostrando a Marta el camino que dejaba a ambos lados cerros redondos sobre ruinas de poblados vacíos.

—Todos están así desde la guerra.

—¿Qué guerra? —preguntó adrede Marta.

—No sé. Esa guerra que hubo. Yo ni siquiera había nacido.

Marta, oyéndola, se decía que aquel tiempo al que se refería nunca le dio tal sensación de lejanía. Seguramente para la muchacha aquellos días sólo existían en la bruma remota de algún vago recuerdo o en las páginas muertas de algún libro que jamás la llegó a interesar.

Por fin se habían detenido ante un par de casas arregladas a medias, rodeadas de una huerta diminuta.

—¿Es aquí donde vives?

La muchacha asintió, en cierto modo divertida.

—¿Hace mucho?

—Desde que decidimos marcharnos de Madrid.

Ya un muchacho de barba florida y rostro alerta se acercaba. Viéndolas bajar tendió la mano y, tras las presentaciones, otra pareja aparecía seguida de un niño. Todos se parecían entre sí, en sus jerseys raídos y en los gastados pantalones, en cierta vaga ironía con la que saludaban a la visita imprevista. Sin embargo la invitaron a un vaso de vino.

—Tenemos una garrafa de unos amigos que vinieron ayer.

Marta aceptó. Valía la pena aunque sólo fuera por borrar aquel té del bar que aún sentía en los labios, en tanto la muchacha, al otro lado de su rojo vaso, otra vez volvía a callar.

196

Su amigo de la barba florida repartía aquel caldo rancio tratando de animar una conversación que ya nacía muerta de antemano, como aquel mismo cuarto con sus vasares que aún mostraban huellas del pasado festín: sucios peroles, canteros de pan, restos de perejil. Una desolación total parecía haberse adueñado de la casa entera entre la cal mal teñida y los viejos cristales que cubrían el suelo de madera. Y sin embargo Marta no se sentía rechazada por aquel abandono. En la penumbra, su corazón se abría por encima de aquellas miserias, de aquel aroma que la brisa traía, mezcla de pino y jara.

Un relámpago la arrastró a la realidad.

—Me voy —murmuró consultando su reloj—. Va a llover.

—¿No te perderás? —preguntó la muchacha.

—No creo —respondió estrechando las manos de los cuatro.

—Vente un día —ofrecía el amigo—, pero más temprano. Tú no conoces esto —abarcó con sus brazos el bosque de tinieblas—. Vale la pena; ya verás.

El camino, más allá de los faros del coche, se convirtió en un continuo desfilar de resplandores que parecían hablarse, perseguirse, amarse sobre lechos de nubes. Más allá del cristal, Marta creía adivinar un universo violento y suave entre espasmos de luz, una espera encendida que no sabía si aceptar o rechazar. El tiempo corría menos de prisa que antes rumbo a una copa de coñac en el bar del cruce, rodeada de rostros rapaces. Una vez en la barra, cambió de opinión. Pidió un par de aspirinas y un vaso de agua.

—¿Se encuentra mal?

—No, gracias. Me duele la cabeza un poco.

Fuera llovía; la luz de la muestra dibujaba en el

aire un mar de inquietas formas. Volvió a cerrar los ojos y en su oscuridad comprendió que el recuerdo de la muchacha le andaría rondando hasta la turbia amanecida.

XXVIII

El hermano acertó una vez más y las obras a poco comenzaron.

—Cómo se ve que es cosa suya —murmuraba el portero viendo llegar a los peones—. Si es de un particular, a buenas horas.

Tras los primeros días, el proyecto quedó en manos de un maestro de obras del que Sonsoles apenas se apartaba, midiendo muros y consultando planos.

—¿De veras no le molesta que ande por aquí?

—Al contrario, señora. Lo que quiero es que todo quede a su gusto; bien y rápido.

Parecía la dueña de la casa, tal era su paciencia a la hora de discutir un tabique o abatir el alero de un tejado. Se diría que aquellas obras habían dado un nuevo sentido a su vida lejos de su marido y de sus sobrinas sobre todo.

—Desde que empezaron —se lamentaban ante Marta— no para en casa.

—Menos paráis vosotras —replicaba Sonsoles, y seguía explicando al maestro dónde iría la sala de actos o el alevín de biblioteca.

—Habrá que buscar muebles —sugirió Marta.

—Ya lo tengo pensado; cuatro cosas. Total, un par de viajes por ahí.

—Mejor un anticuario.

—Ni hablar; se han puesto por las nubes desde que a todo el mundo le dio por decorar.

Así dieron comienzo aquellos viajes en busca de una riqueza que nunca existió y que, de haberla, se borró mucho antes en las manos de clérigos venales.

Marta volvía cansada de tanto conducir por solitarios caminos vecinales, harta de rogar, de oír a Sonsoles preguntar para nada:

—Ese arcón que tiene en el portal ¿es suyo?

—Y suyo, si lo quiere.

—¿Lo vende?

Luego el precio venía a decir que por aquellos pueblos, junto a la carretera, otros ya habían pasado mucho antes.

—No hay que desesperar —explicaba Sonsoles de vuelta—, hay que seguir buscando más allá.

Marta asentía pero luego, a la noche, se prometía no volver a ceder, aunque tuviera que reñir con ella. Además, desde aquel viaje con la hija de Pablo había vuelto a dormir mal, a pesar de las pastillas rosadas.

Con abril el cielo se rompió en un alud de continuos chaparrones deteniendo las obras, convirtiendo el jardín en lago, haciendo retumbar las nubes. A ratos un halo brillante encendía la llanura devolviéndola a la vida para luego enterrar vaguadas y tejados bajo leves cortinas transparentes.

Era inútil la impaciencia de Sonsoles.

—¡Qué tiempo más asqueroso, hija! A este paso no acabamos nunca.

El maestro callaba en tanto Marta sonreía para sí, esperando que aquella pausa le diera nuevas fuerzas con que aguantar sus noches.

Una tras otra se apagaban en la ciudad las luces

hasta quedar a solas la torre de la catedral y su fachada frontera de la plaza. Lo demás eran sólo mudos rosarios pálidos que parecían caminar hacia las cruces del vecino calvario. Todos en la ciudad debían de dormir, soñar, amar, llenar el mundo de suspiros y quejas; tan sólo ella velaba sobre su mansa almohada, rendida por una monótona impaciencia que la llevaba, más allá del río, hasta el bosque de robles donde quizá velaba la muchacha.

Cierto día, intentando alejarla de su memoria se decidió a llamar a Pablo. La primera vez fracasó. Al otro lado de un laberinto de voces y crujidos nadie respondió. Fue preciso esperar a que la catedral dejara oír once rotundas campanadas. Luego volvió a marcar y desde un Madrid remoto, perdido en las tinieblas de los años, vino la voz de Pablo.

No pareció sorprenderse demasiado. A fin de cuentas, a su consejo se debía la visita de la hija.

—Le dije que pasara a verte. Supuse que te gustaría conocerla.

—La verdad es que estuvo muy poco.

—Y ¿qué te pareció?

—Recuerda mucho a ti.

—¿A mí? —le notó extrañado—. ¿En qué?

—No sé. En general. En el modo de ser. ¿Tú no piensas venir?

—Cualquiera de estos días hago un hueco y me escapo.

Aún no había pasado una semana y allí estaba, a su lado, en el mismo bar de la plaza, renovado como todos. En su dedo lucía una alianza que iba y venía como antaño el cigarro. Y sin embargo aquellos años estaban demasiado lejos ahora. No había camiones desfilando, ni banderas en los balcones de la plaza, ni el mismo Pablo permanecía tal como en el recuerdo imaginó. Su blanco mechón sobre la piel tostada, sus inquietos ojos, le parecieron tan ajenos como las mismas manos que tan bien conocía. Intentando evocar tantas horas perdidas de su amor convertido en viento amargo, se preguntó qué tiempo, qué mujer, qué circunstancias habrían sido capaces de transformarlo así, o si era ella misma quien había cambiado. Pues en lo que un día fue espejo de una pasión alzada como razón de vida surgía ahora la imagen leve, tal vez cruel, de la muchacha en su bosque de robles. Aquel Pablo de entonces, en cambio, quedaba lejos, fuera, con su tiempo cumplido y sus palabras olvidadas.

Hablando de la hija, la voz le traicionaba:

—El caso es que le digo que nos llame, pero es inútil. A la postre te cansas. Y yo estoy harto, te lo juro. Antes, al menos, se despedía; ahora ni eso siquiera. Se va sin la menor explicación y en paz.

—Yo creo que te lo tomas demasiado trágico.

—¿Trágico? —se la quedó mirando casi ofendido—. Ponte en mi lugar.

Mas a pesar de su actitud, Marta creyó notar en sus palabras un deseo infantil de interpretar en beneficio propio aquella historia de ausencias y abandonos, precisamente él que de abandonos sabía tanto. Cuando al fin se decidió a decírselo, apenas la escuchó. Por el contrario, siguió a su aire:

—Ya sabes lo que pasa con las hijas. Siempre te acaban poniendo en un altar, y yo, para evitarlo, la animé a uno de esos viajes que se estilan ahora.

Hizo una pausa que la muchacha volvió a llenar con su imagen actual, al compás de las palabras del padre:

—Volvió sin equipaje, no sé si desdeñándonos más o sin vernos siquiera. La verdad es que ninguno de los dos, ni su madre ni yo, supimos qué hacer, cómo recuperarla. Al final, como siempre, no hubo más solución que resignarse.

—¿Resignarse a qué?

—A todo: a no ver, a no sentir, a tanto sueño inútil, a otros amigos nuevos, a su constante ir y venir, a llegar a su cuarto y encontrarlo vacío.

Pablo calló buscando un nuevo cigarrillo. Ahora sí parecía realmente lejano y triste, según lo encendía, en aquel mismo bar donde le conoció más decidido.

Marta creyó entender que sus razones, sus palabras, estaban de más, sobraban, si a su edad, con su experiencia, no lograba entender que el tiempo nunca mira atrás, nunca vuelve sobre sus huellas dulces o amargas. Bastaba verle allí, a su lado, frente a aquellos eternos soportales, con el rostro curtido por los días de caza, huyendo como siempre, tratando de evitar, una vez más, enfrentarse a un destino diferente.

Ella, al menos, no huía, ni siquiera cuando se despidió al pie del portal como en tantas ocasiones.

—¿Sabes? Te recordaba distinta, diferente. —Dudó un instante—. ¿Te dije que estuve a punto de venir a verte? Al final nunca me decidí.

—¿Por qué?

—¡Cualquiera sabe! —trató de sonreír—. Dale recuerdos de mi parte a Sonsoles.

—¿Y si veo a tu chica?

—Que llame o que haga lo que quiera. No sé. —Todavía dudó—. Puede que entre mujeres os entendáis mejor.

Y a poco el coche se perdía por el camino de Madrid.

Sonsoles, cuando Marta le contó la visita, apenas despegó los labios. Era como si, a medida que los muros de la casa se transformaban, fuera quedando atrapada en ellos, en sus secretos corredores que los peones sacaban a la luz.

Por aquellos olvidados refugios debían de andar la sombra del marido, el amigo pintor y hasta la voz de sus sobrinas comentando:

—La verdad, tía, es que no paras. Debías de quedarte a dormir en casa de Marta.

—Hasta el maestro de obras dice que contigo y los planos tiene bastante.

—Pues ya veis —respondía halagada—. Lo poco que sé lo aprendí por mí misma, sin ayuda de nadie.

—Así aprendemos todas— apuntaba a veces Marta.

—Eso también es verdad. Para que luego digan que tu peor enemigo eres tú. ¡Qué mentira tan grande! Al contrario: no conozco otro amigo mejor. Salvo los hijos, claro.

De pronto callaba ensimismada, ajena al rumor de los peones, para volver a preguntar:

—¿Tú crees que los hijos ayudan tanto como dicen?

Su tono sombrío borraba en torno ventanas, miradores, hacía soñar a las dos con días tranquilos, allá en plena adolescencia, lejos de juegos o placeres prohibidos. Incluso aquel afán que en ella alzaban las obras de la casa, su deseo de detener el vuelo del marido, de sus sobrinas vírgenes o no, revelaba renunciar a escapar de sí misma, como siempre decía, más allá de los montes de pinos.

—Tu caso, a fin de cuentas, es distinto —aseguraba.

—¿Distinto en qué? —preguntaba Marta.

—En todo; en lo principal. Tú has salido de aquí; estuviste en Italia.

—Eso no arregla nada. Nunca encuentras otra cosa que las que imaginaste de antemano.

—Yo no imagino nada. Con vivir al día me conformo.

Así Sonsoles volcaba todo su afán en aquellas obras convertidas en reino propio ahora, abierto a la llanura y a sus propios deseos.

XXIX

Las nubes abrieron paso definitivamente al sol. El viento de la sierra volvió a volar sobre balcones de ropas tendidas, húmedas aún, matas de geranios, glorietas de acacias diminutas.

Las obras aceleraban, a su vez, el paso. Cada nuevo golpe sobre el gran esqueleto de la casa, aquel inesperado frenesí capaz de reducir madera y cañas a montones de cal y telarañas, retumbaba en el corazón de Marta.

Huyendo de él solía abandonar aquel reto constante, buscando cómo matar sus horas, inventando visitas a la veterana allá en el hospital, o a la dueña de la farmacia entre sus frascos de colores.

En el cuarto del hospital nunca faltaba una taza de café que, unida a los recuerdos, hacía pasar más de prisa las horas de la tarde.

—¿Te acuerdas aquel día que por poco nos matan?

—De lo que más me acuerdo es de los primeros días. Nunca vi juntos tantos hombres muertos. Tampoco se me olvida aquel olor.

—A todo acabas acostumbrándote —concluía la veterana—, hasta a esto.

Y tratando de mantenerse erguida aún encerraba en un ademán su postrer reino, camino de la salida.

A su paso ya un tanto fatigoso, iban surgiendo pequeños despachos, camillas niqueladas y salas de visitas. En una de ellas volvió Marta a encontrar a la muchacha. Inmóvil, con la cabeza entre las manos, hundida en uno de aquellos sofás de plástico, parecía una sombra de aquella otra viva y segura con sus amigos y su huerta diminuta.

—¿La conoces? —preguntó la veterana, viendo a Marta detenerse.

—Un poco.

—Se pasa todo el día ahí. Es la primera en llegar y la última que se marcha. Viene a ver a un amigo, me parece.

—¿Qué le pasa?

—¿Al amigo? Unos huesos rotos. —Y tras un vistazo a su reloj, añadió alejándose—: Creo que tiene para rato. Si necesitas algo ya sabes dónde estoy.

Marta se acercó a la muchacha que, sintiéndola llegar, alzó hacia ella sus ojos manchados por un mar de haces rojos.

—¿Eres tú? —murmuró reconociéndola—. Pensaba llamarte uno de estos días.

—Estuvo por aquí tu padre.

—¿Le contaste algo? —pareció despertar.

—¿Qué iba a decirle?

—Tienes razón.

Parecía agotada, herida, en la soledad de la sala.

—¿Por qué no vienes a casa y descansas? Tienes que estar muerta.

La muchacha, en vez de responder, pareció derrumbarse más. Al otro lado del pasillo, más allá de la puerta y su número dorado, quizás luchaba por su vida aquel amigo de la barba florida que un día conoció Marta en su bosque de robles.

—¿Qué tal está?

—Regular.

Describió vagamente una de aquellas peleas que solían poner fin a los días de fiesta en los pueblos vecinos, el tedio empujando a desafíos, primero de palabra, luego de navajas, hasta acabar dejando tras sí algún cuerpo tendido. Marta recordó al punto el bar del cruce ante el que un día se detuvo, aquellos rostros a medio afeitar espiándola desde detrás de los cristales, los ojos maliciosos pasándole revista desde los pies a la cintura.

—¿Por qué no vienes? —insistió.

Y así, unidas por segunda vez, volvieron a casa donde la muchacha se empeñó en ayudar, quizás para pagar el hospedaje.

Pero el sueño volvió a acabar con ella en el sofá de siempre y Marta, viéndola tendida, no conseguía apartar de su memoria la imagen del compañero herido. Ahora no parecía inquieta sino tranquila, abandonada bajo su piel quemada, dentro de sus gastados pantalones. Trató de imaginársela sin aquel roto par de zapatos de lona, lejos de los haces rojos de sus ojos, viva y recién peinada. Y sin saber por qué, como de niña, volvió a sentir aquel viejo rencor, aquella sensación de no contar, de postrer eslabón en la cadena del amor de los otros.

Puede que el mismo Pablo se hallara tendido allí, recién llegado del frente, o la sombra de la prima Rosa ofreciéndose y negando sus labios dulces y a la vez amargos.

Aquella tarde despidió a los peones antes de la hora.

—Aún queda un rato —respondió el maestro.

—Déjelo hasta mañana. Hay un enfermo en casa.

—Como quiera.

Mas la muchacha, oyendo el golpe de la puerta en el zaguán, se revolvió impaciente.

—Voy a pasarme por el hospital.

—Ya hace rato que terminó la hora de visita. —Y viéndola alzarse a pesar de todo, añadió—: Tómate algo antes.

—¿Tienes un poco de café?

—Lo pongo en un instante. Esta noche duermes en casa; mañana veremos.

Y aquella misma noche desde la alcoba frontera, donde quedó dormida, al filo de la madrugada llegó un vago rumor convertido en lamento apagado. Muy lentamente Marta se acercó a la puerta entreabierta y, sin encender la luz, adivinó en la penumbra a la muchacha, al aire su desnudo vientre entre las sábanas revueltas, bajo la doble mancha de sus pechos dorados.

—¿Qué tienes? —preguntó—. ¿Estás mal?

Sólo la voz del viento en el jardín respondió y el rumor de la fuente de dos caras. No insistió más; cerró con cuidado y fue a buscar el sueño en sus pastillas hasta que Sonsoles, ya pasado mediodía, vino a despertarla.

—¿Puedo pasar? —preguntó desde el umbral de la alcoba—. Ya hablé con los obreros. ¿Qué hago? ¿Los mando a casa?

—Haz lo que quieras —respondió Marta.

Sonsoles, con un ademán, apuntó hacia la alcoba vecina.

—¿Está ahí todavía?

—No lo sé.

De pronto sintió más aguda la punzada en las sienes y el corazón acelerarse según la amiga espiaba más allá en la puerta.

—Se ha ido.

—Ya volverá —murmuró Marta.

—La verdad es que no sé si te convienc, como a ese amigo suyo. Si sale de ésta puede dar gracias. Es natural —continuó mientras Marta se vestía—, todos amigos, todos novios, alguno a veces se desmanda. Eso si no les da por otras cosas. —Hizo ademán de pincharse en el brazo—. Y por si fuera poco, ese chico no lleva encima ni un papel ni nada.

—Y tú ¿cómo lo sabes?

—Eso dicen mis sobrinas.

En contra de lo que esperaba, la muchacha volvió. A la mañana, cuando Marta se levantó, estaba listo el desayuno.

—Mucho madrugas tú —comentó sorprendida.

—Es la costumbre. Estuve dando vueltas por ahí y al final me volví a ver cómo trabajan.

Marta aprovechó aquel desayuno compartido para explicar cómo sería aquella reforma que el continuo arrastrar de cemento y ladrillos anunciaba. Cuando Sonsoles la oyó fue como si le robaran algo, como si le arrebataran de las manos aquellos planos casi aprendidos de memoria.

—No sé a qué viene dar tanto detalle —se quejó más tarde, viendo alejarse a la muchacha—. ¡Para lo que va a entender! —Y volvía celosa a dirigir su tropa.

Cada golpe desnudando falsos techos, veladuras remotas, sacaba a la luz algún libro del padre, el silencio de la madre, ecos perdidos de antiguas soledades. Toda la infancia de una Marta niña iba quedando arrasada

210

por aquel frenesí que la muchacha veía sorprendida, cubriendo el suelo hasta el mismo jardín.

—Tirar todo esto es una pena, es como suicidarse.

—Lo mismo creo yo, pero ya no hay remedio.

—Sí. Ya es un poco tarde.

No lo era en cambio para huir de Sonsoles, para seguir juntas las dos la hoz del río rumbo a los pinares o alcanzar el modesto calvario de cruces donde solía sorprenderlas la noche.

Desde la cima de su cerro, la casa en su nido de sauces parecía ajena al ir y venir de la ciudad, firme, segura, perdurable como el afecto que, paso a paso, crecía ante los ojos atentos de Sonsoles.

—¡Con tal que no os acabéis enamorando! —exclamaba riendo, tratando de ocultar su timidez.

—¿Tú crees? —preguntaba Marta intentando seguirle la corriente.

—Cosas más raras se ven ahora.

Y así, a la noche, la imagen de la muchacha maduraba junto al jardín común, en los ojos de Marta, en continuas visitas, en miradas perpetuas desde su rostro hasta la vaga encrucijada de sus pies y sus manos.

Una mañana la sorprendió llamando a Madrid.

—Ha habido suerte, está mi padre en casa.

Hablando con Pablo, era su voz amable ahora, casi maternal, tratando de explicar su estancia allí, prometiendo, rogando, intentando alejar la idea de otro nuevo viaje. Luego debió de ponerse al otro lado la madre, porque su voz se volvió más distante, impersonal, como intentando acabar cuanto antes.

—¿Qué tal? —preguntó Marta—. ¿Quedaron más tranquilos?

—Dicen que vienen el domingo.

Y al domingo siguiente llegaban ante el portal, puntuales, Pablo y una mujer que en nada recordaba a la muchacha. Al menos eso pensó Marta a la hora de las presentaciones. La madre por su parte tampoco le prestó gran atención, más allá de sus buenos modales, para acabar depositando sobre la mesa del salón una bolsa de deporte.

—Si tienes que ir vestida así —murmuró tras una rápida ojeada a los zurcidos pantalones—, aquí traigo esto para que te cambies.

Fue saliendo a la luz un nuevo ajuar de prendas con la etiqueta pendiente aún que sus manos inquietas arrancaban de golpe. La muchacha asentía entre sumisa y divertida, se dejaba probar, medir, en tanto Marta trataba de entender qué razón unía a Pablo y su pareja. Pues viendo a los dos juntos se notaba que aquel frente común, alzado con premura tan sólo para rescatar a la muchacha, duraría lo que tardaran en volver a Madrid. Espiando las miradas de ambos, acechando sus corteses ademanes, Marta se preguntaba cómo sería el amor entre ambos, si tan altivo como parecía o sumiso como el suyo, en tiempos eternamente tras la huella de Pablo.

Tal como Sonsoles creía, era inútil buscar en la memoria la razón de un presente que se negaba a caminar a solas. Quizás por ello y por apartar de Marta a la muchacha, luchaba cada día con sus sobrinas que se negaban a aceptarla.

—¿Qué quieres que hagamos con ella? ¿Qué pinta con nosotras? —se impacientaba la mayor.

—A lo mejor os acabáis haciendo amigas.

—Lo dudo. El padre será como tú dices: la hija, en cambio, resulta un poco tonta.

—Un poco no, bastante —apuntaba la menor—. A nadie le cae bien.

—¿Y tú qué sabes, si ni siquiera la conoces?

—Aquí la gente no es como tú te crees. Aquí, a los cuatro días, te conocen de sobra.

Cuando a la noche los padres y Marta trataron del porvenir de la muchacha, sobre si prefería volver a Madrid o no, tardó en responder quizás pensando en el amigo de la barba florida todavía en el hospital.

—Eres tú la que debe decidir —apremió el padre.

Su actitud, el vago silencio de la madre, debían reproducir velados desafíos, varios propósitos nunca llegados a cumplir del todo, epílogos de encuentros anteriores.

—¿Qué haces entonces? —insistían los dos—. ¿Te vienes con nosotros o te quedas?

—¿De veras no prefieres volver a casa?

Por un instante Marta creyó escuchar el corazón de la muchacha, dudando, casi gimiendo, como el suyo pendiente de aquella voz que anunciaba:

—Me quedo con Marta.

La madre cedió en un gesto frío, en tanto Pablo se alzaba.

—Si cambias de opinión nos llamas.

Así aquella nueva tregua comenzó entre abrazos solemnes y besos casi furtivos.

Las obras corrían a su fin. La misma Sonsoles parecía empeñada en acabar cuanto antes, olvidando a sus sobrinas.

—Ahora ya ni nos hablas —protestaban.

—¡Para el caso que me hacéis! —se defendía.

—Ya estamos con la historia de siempre. Ni que esa chica fuera hija tuya. Si Marta quiere cargar con ella es cosa suya, aunque la verdad no está en edad de andar así, de esa manera.

—Tú deja a Marta en paz.

—Bien dejada está. Eres tú quien saca a relucir el tema. A nosotras lo mismo nos da que su amiga se quede o se vaya.

Oyéndolas, Sonsoles dudaba. No quería pasar ante sus sobrinas por demasiado ingenua, mas recordando a la muchacha su ademán desafiante, su rizada melena bajo el sol de la tarde, se preguntaba si también ellas mentirían como todas, disfrazando su eterna timidez bajo un ingenuo velo de arrogancia.

—Ya sabes lo que dicen de las dos —murmuró la mayor.

—¿De quién?

—¿De quién va a ser? No te hagas la tonta ahora. De Marta y su amiga.

—Lo de siempre: bobadas.

La sobrina, en vez de responder, reía.

—Entonces —insistió—, lo mismo dirán de mí.

—De ti no.

—Tiene gracia —murmuraba Sonsoles para sí, recordando la historia de su furtivo retrato—. ¿Por qué?

—Cualquiera sabe. Será porque te conocen.

—Lo mismo que a ella. Siempre hicimos lo mismo desde niñas.

—Oye —preguntaba a su vez la pequeña—. ¿Es verdad que cuando el frente estaba aquí, Marta y tú erais madrinas de guerra?

—Nosotras no, pero otras sí.

—¿Para qué?

—Para escribir a los que estaban allí. Además les mandaban tabaco y paquetes.

—¿Nada más?

—Lo que había.

—No digo eso.

—Lo que pregunta —mediaba la mayor— es cómo se entretenían en los días de permiso.

—Como todos: un poco de paseo y a veces viendo alguna película.

—Menudo plan —murmuraba la pequeña—. Así saliste tú de bien pensada.

—Di mejor: inocente —añadía la mayor—. Por eso no te resulta raro lo de Marta y su amiga. Y eso que cada día que pasa se las ve más unidas a las dos.

XXX

La mujer del portero detuvo a Marta en la escalera.

—Señora. Abajo la llaman.

Tratando de adivinar quién sería fue a darse casi de bruces con el maestro de obras que en sus manos esgrimía una vieja pistola.

—¿Qué hace eso ahí?

—No sé. Apareció en una alacena.

Tardó en reconocerla. Luego, limpia de polvo y barro, la recordó terciada en el negro cinturón del hermano. Su munición se hallaba entre viejos periódicos, guardada en una caja de zapatos.

—Se ve que la estrenaron ya —murmuraba el maestro, apuntando al aire—. Seguro que se llevó por delante unos cuantos.

—Déjela. No vaya a dispararse.

—¡Qué va! De esto entiendo yo un rato —replicaba el otro sin ocultar su entusiasmo—. Yo también hice lo que pude. Aquéllos sí que fueron buenos años.

Le entregó la pistola y Marta no supo si volver a esconderla o tirarla al río; se decidió por devolvérsela al hermano.

—Has hecho bien —había respondido tomándola

con mimo, casi con cariño—. Según andan las cosas, es un riesgo tener armas en casa. Además tiene borrado el número. ¿Dónde ha aparecido?

—En el desván. Debe de ser tuya, ¿no?

—Puede que sí.

Aun en sus manos, no parecía impresionarle mucho aunque se aseguró de que estuviera descargada.

—¿Te da miedo?

Su mano describía una parábola en el aire hasta quedar apuntando a su cara asustada.

—Quita de ahí —apartaba su cañón brillante—. No vaya a haber una desgracia.

Viéndola en sus manos Marta se preguntaba si su dueño habría tenido alguna vez fe en ella, en lo que un día representaba.

Y sin embargo, cuando a la tarde intentaban matar las horas al pie de la muralla, siempre se detenía ante aquel rincón de tapias cubierto de espinos y lápidas.

—¿Sabes qué es eso? —preguntaba siempre a la amiga de turno.

—Un cementerio, ¿qué va a ser? —respondía—. Se ve que no lo cuidan; un día el río se llevará a los muertos, si es que hay alguno, que lo dudo.

Mas el río sólo arrastraba posos de limo y cieno, senderos por donde caminaban sueños secretos de otros tiempos violentos.

—Se nos va a hacer de noche. Vámonos de aquí.

Apenas unos pasos cuesta arriba y ya el recuerdo del padre se borraba como el de aquella pistola que Marta tantas veces vio terciada en su cinturón, dispuesta a sembrar la muerte en torno a sí, en el frente o en la temida tapia de cipreses del cementerio viejo.

Ahora todo aquello era sólo una sombra, aceptada tras dudar un instante:

—De todos modos, me quedo con ella. Habrá que poner en regla los papeles.

—¿Sabes quién anda por aquí?

—¿Quién?

—Una hija de Pablo.

—Entonces se casó, por fin.

Tampoco pareció importarle demasiado como las mismas obras a punto de terminar, cuyo final la presencia de la muchacha aceleraba.

Sin saber por qué, a pesar de su charla constante el maestro y los peones cumplían mejor cuando ella estaba que cuando Sonsoles se presentaba con su carpeta bajo el brazo.

—Esa chica es simpática —decían—, más llana que la otra.

Y ella, a su vez, repetía a menudo:

—Hay gente maja aquí.

Marta, escuchándola, supuso que se refería no sólo a los que en la casa se afanaban sobre el cemento o la cal, sino también a los que en la plaza desataban las iras de las sobrinas de Sonsoles.

—A ver cuándo los echan a todos de una vez. Ayer armaron una en los soportales que los mismos guardias no eran capaces de separarlos.

—¿Por qué?

—Vete a saber. Andarían pinchándose.

Una nube de angustia cruzó ante los ojos de Sonsoles.

—¿No os pincharéis vosotras también?

—¡Qué cosas se te ocurren, tía! —reía la pequeña—. Tú te debes creer que todas somos como esas amigas tuyas.

Y, una tras otra, llovían sobre la hija de Pablo acusaciones que acababan inquietando a Sonsoles.

—Esas dos acaban mal. Ya lo verás.

—Las dos son mayores de edad para saber lo que se hacen.

—Eso se dice siempre. Lo malo es cuando meten en el lío a los demás. Ese chico del hospital está allí por culpa de la pequeña. ¿No? Todo el mundo lo dice.

—Tonterías.

—Tonterías, pero por poco lo matan.

—Ya está mejor. Un día de éstos le dan el alta.

—De todos modos. Si se descuida no lo cuenta.

Sonsoles no acababa de entender el rencor de sus sobrinas.

—Os pasáis la vida soñando con salir de aquí y en cuanto se presenta alguien de fuera os ponéis como fieras.

—Depende de quién sea. Lo que pasa es que tratándose de Marta o de su amiga, nunca quieres dar tu brazo a torcer.

Sonsoles entonces se preguntaba por qué razón defendía a la muchacha si a la postre tal vez acabara remplazándola no sólo en las obras sino en el corazón de Marta.

Quizá por ello, cuando se equivocaba, se complacía haciendo más patentes sus errores.

—Esas piedras, ¿también las vais a poner?

—Esas piedras son ruedas de molino —respondía bruscamente.

—Podían sacarlas al jardín.

—El jardín no se toca.

—¿Por qué? ¿No es parte de la casa también?

—Hay rincones —mediaba Marta— que se recuerdan con más cariño que otros.

La muchacha se la quedó mirando como de costumbre, asomando a sus ojos aquella rara luz que tanto la desconcertaba.

—¿De qué depende?

—De si son dulces o amargos.

Oyéndola, Marta se preguntaba en qué rincón de su memoria andaría el amigo de la barba florida, dónde iría a parar su propia sombra el día del adiós definitivo. A la noche trataba de convencerse de que tal despedida no llegaría nunca, eternamente aplazada por una mutua pasión definitiva. Así el espejo de su habitación volvió a convertirse en testigo mudo de sus galas nocturnas, de aquellas ropas compradas en Madrid, de una inesperada juventud que, poco a poco, iba invadiendo el cuarto.

A pesar de las palabras de Sonsoles, tan hostiles a ratos, se negaba a aceptar aquella edad que el cristal reflejaba del mismo modo que cuando se asomaba a la sombra del padre.

—Ya somos los dos igual de altos —murmuraba a su lado, en tanto la alzaba a la altura del marco.

—Todavía me falta un poco más.

—¿Para qué quieres crecer tanto?

Y el padre la devolvía al suelo como si no quisiera escuchar su respuesta.

Le hubiera confesado cuánto deseaba ser como la madre en todo, incluso en aquel mismo lecho donde la retenía en ocasiones, a un tiempo amable y recelosa. Ella también habría sabido guardarlo en su jardín tal como pretendía retener a la muchacha ahora, lejos de Sonsoles y sus palabras cada vez más desdeñosas.

—La verdad; no sé qué le encuentras, con ese pelo y esa facha. En mi vida vi nadie que le importara menos gustar a los demás. Hay que ver, a su edad, cómo salíamos nosotras.

Sin embargo era difícil imaginarla de otro modo, sin aquellos pantalones que al parecer tanto la molestaban. Incluso los mismos peones acechaban su paso pendientes de ella y de sus opiniones. Luego, a la postre, la voluntad de Sonsoles se acababa imponiendo pero no tan fácilmente como antes, sino con un recelo particular que la volvía aún más hostil en ocasiones. Ahora dudaba, parecía perder día a día aquella confianza primera, se lamentaba, culpaba a los demás de pequeños errores que más tarde, a la noche, cargaba sobre sus espaldas.

—Mujer, ¿qué importancia tiene pasillo más o menos? —intentaba animarla Marta.

—A este paso se nos acaba el presupuesto.

—Alcanzará. No te preocupes. Después de todo peor estoy yo, con la casa revuelta.

Hubiera preferido no recordárselo, evitar nuevas culpas comunes, pero aquel mal repentino de la amiga llegaba a contagiarla a ratos hasta hacerle desear no verla más. Luego al día siguiente la amistad renacía y con ella la Sonsoles de siempre explicando, ordenando, como si aquel revuelto mundo de pasillos, mesas y escaños, una vez ordenado, fuera capaz de alejar a la muchacha más allá del jardín y de Marta.

En cambio la muchacha, ajena a todo, a veces preguntaba:

—Oye, a tu amiga, ¿qué le pasa?

—Nada, ¿por qué?

—Porque no me saluda.

—Son cosas suyas. También conmigo está un poco rara.

Una mañana no apareció; al día siguiente se excusó por teléfono: tenía asuntos que arreglar en Madrid y se quedó durante toda una semana.

—¿Qué es de ella? —preguntó el maestro a Marta—. ¿Se cansó de venir?

—Vuelve uno de estos días.

—Cuando la vea dígale que la estamos esperando.

—Descuide: si ella no puede, vendrá su marido.

—Lo digo para poner el ramo en el tejado. Esto se acaba. Sólo queda pintar y barnizar.

Mas los días de la ausencia de Sonsoles no corrían al paso de aquellas obras cuyo final tan cerca estaba. Por el contrario, parecía que el ramo en el tejado, más que volverla alegre, la asustara. Fue preciso visitarla, mimarla tras responder, una tras otra, a sus llamadas.

—No te preocupes —le explicaba Marta—. Con ramo o sin él mientras tú no aparezcas las obras no se dan por terminadas.

—¿Y la chica de Pablo?

—Allí sigue, viviendo su vida. Ya sabes cómo es. Hay días que sólo la veo a la hora de comer.

—Y sus padres ¿qué dicen?

—A veces llaman. La madre siempre está dispuesta a llevársela.

—Pero ella no querrá.

—Parece que no.

Ya con el ramo en el tejado, Sonsoles volvió al fin; esta vez acompañada del marido. Viéndole pasear la mirada en derredor, murmuró Marta:

—Por fin te dejas ver. Ya creíamos que te habías desentendido.

—No, mujer. Qué cosas se te ocurren. —Quedó un instante pensativo, como haciendo resumen de las obras, y añadió—: No sabes cómo me tienen de trabajo. Veremos a ver qué opinan los de la Diputación.

—¿Y ellos qué tienen que opinar? —preguntó Sonsoles impaciente.

—Quieras o no, son mis jefes —se echó a reír—. ¿No apareció ninguno por aquí?

Marta negó con la cabeza.

—Pues habrá que avisarlos.

Y como adelantando su visita, fue pasando revista del portal al tejado.

—La verdad es que no queda mal —resumió al fin sus impresiones—, aunque para mi gusto demasiado oscuro todo.

—Y lo dices ahora —clamó la voz de Sonsoles desde la penumbra.

—No sé a qué viene esa manía de dejar sin luz los interiores, de hacerlos más viejos aún. Ya puestos a meternos en gastos no íbamos a ser más pobres por unas cuantas ventanas al patio.

Había en sus palabras un eco de desdén apuntando a su mujer que Marta intentó atajar llevándolo al jardín con el pretexto de enseñárselo.

—Mira; esto se queda como está.

—Menos mal.

—¿De veras lo otro te parece tan mal?

—Peor que mal; vulgar.

—De todos modos hazme el favor de no sacar de quicio las cosas.

Se la quedó mirando vagamente, pensativo a su vez. De pronto sonó la cancela a sus espaldas y en el arco junto a la fuente apareció la muchacha. El marido de Sonsoles pareció despertar.

—Tú eres la chica de Pablo, ¿no? —preguntó—. No hay más que verte. ¿Qué tal lo pasas aquí? ¿Te aburres?

—No. Quiero decir: no mucho.

—Al contrario que yo. Se ve que hay gustos para todos. ¿Piensas quedarte mucho tiempo?

—No sé; depende.

Como todos, igual que los peones cuando hablaban con ella, la envolvía en una ojeada desde el zurcido pantalón hasta el pelo rizado, mas la muchacha hizo una seña a Marta.

—Oye, ¿puedes venir un momento?

—Perdona un instante —se excusó siguiéndola, y una vez dentro preguntó—: ¿Qué pasa?

—Tu amiga. Está en tu habitación.

En una esquina de la alcoba, Sonsoles trataba de secar sus ojos.

—Venir a hacerme esto aquí —gemía, luchando con sus lágrimas.

—Tampoco ha sido para tanto. Una opinión nada más.

—Podía haber esperado a casa.

—Déjalo, olvídalo.

—No lo olvido —replicó con rabia—. A solas no me importaría, pero delante de ésa no lo aguanto.

Sus ojos apuntaban al jardín, donde el marido y la muchacha reanudaban su charla interrumpida.

Marta se dijo que tanto le daba si los de la Diputación daban un sí o un no, con tal de verse libre de tales cuestiones. Los días y las noches se tornarían tranquilos y felices como el río en la vega y aquel polen menudo que ya anunciaba primavera.

Con la nueva estación, un nuevo tiempo también en ella renacía lo mismo que la hiedra en el jardín. El viento estremecía nidos muertos durante el largo invierno, pájaros dormidos, aromas escondidos, cantos de amor crepusculares.

Cuando recién nacido el día, entre el sueño y la vela, se asomaba al espejo de su cuarto, su imagen parecía firme y segura, dispuesta a abrirse paso más allá del cristal, independiente y libre, como en tiempos del padre.

A veces, como entonces, un rumor entrecortado de palabras llegaba desde el otro lado de la puerta entreabierta, obligándola a alzarse, a llamar quedamente a la muchacha.

—¿Eres tú? ¿Estás mal?

Y si el mal sueño seguía, Marta, tras cruzar el umbral, iba a sentarse al borde de su cama.

—¿Qué sucede?

La muchacha se revolvía sin escuchar, hasta quedar inmóvil en su nido. Era preciso no tratar de despertarla, respetar sus sueños, que la devolvían lúcida y tranquila apenas la catedral vecina dejaba oír sus campanadas.

XXXI

La dueña de la farmacia viendo llegar a Marta comentó:

—No te preocupes tanto de esas obras que maldita la falta que nos hacen.

—Sobre todo a mí.

—Pues no se nota. ¿Para qué firmaste?

—Todo el mundo tiene derecho a equivocarse.

—Ya lo creo —buscó tras de sí las pastillas—. Incluso a suicidarse.

Mostraba divertida el estuche en el aire como una amenaza.

—¿No serán peligrosas? —preguntó Marta.

—Son más o menos como todas: depende de la dosis.

Sus palabras venían cargadas del mismo aire amenazante y un poco triunfal de los que suelen caminar en el filo de la vida y la muerte. Luego, en el mismo tono, preguntaba:

—¿Y la chica de Pablo? ¿La tienes todavía en casa? —Y por si había alguna duda sobre su opinión, añadió—: El otro día pasó por aquí, con una de esas pandas. Buscaban lo de siempre.

—¿Ella también?

—Ella no abrió la boca. Me pareció algo rara. ¿En casa es así también?

—Depende de los días, como nos pasa a todas.

De cuando en cuando la madre llamaba desde Madrid. No era difícil adivinar sus preguntas constantes siempre en torno de la vuelta que la muchacha aplazaba día tras otro.

—Para lo que tengo que hacer allí, no sé a qué viene tanta prisa.

Era verdad —pensaba Marta escuchándola—, su vida se reducía a un constante ir y venir sin rendir cuentas a nadie que a veces envidiaba.

—Aquí, al menos, tengo amigos —intentaba justificarse en ocasiones.

—¿Y en Madrid no?

—Los de allí son diferentes.

—¿En qué?

Entonces se encerraba en uno de aquellos mutismos que tanto molestaban a la madre. Quizá por darle gusto en algo, una mañana abrió aquella bolsa de viaje que le trajo en su visita. De su interior iban surgiendo pantalones, mínimas ropas interiores, blusas y faldas de colores.

—Cualquiera diría que voy a casarme —murmuró en tono burlón, y de pronto, como cambiando de opinión, comentaba en voz alta—: Después de todo, no está mal tener alguien que se acuerde y te regale estas cosas.

—Desde luego —asentía Marta.

—Quiero decir, que te las pague. Mira esta blusa, por ejemplo.

Y sin pensarlo más, se dispuso a probársela. Botón tras botón se despojó de la suya dejando al aire aquellos pechos rematados en sombras, encerrados en su polen dorado.

227

—¿Qué tal? ¿Tú crees que me conocerán?

—Tan cambiada no estás. ¡Total por una blusa!

Tomó la ropa que aún quedaba y a poco volvía de su alcoba transformada. Había cambiado el pantalón y las medrosas zapatillas por zapatos y falda. Se miró en el espejo un instante y murmuró:

—Hasta la noche.

¿Adónde iría —se preguntaba Marta— vestida de aquel modo? Tal vez sólo fuera un disfraz, un carnaval particular con el que sorprender a aquellos amigos desconocidos y remotos, quizás ambiguos en sus dos caras como la fuente del jardín.

Recordando al amigo de la barba florida en el hospital o quizá ya en su reino de jaras y robles, se decía que tal vez las horas de la muchacha corrían en su busca a la noche, más allá de las revueltas sábanas, tras vivir a su lado todo el día.

Así, como cada mañana, solía preguntarle:

—¿Qué tal anoche?

—Regular.

—Digo la falda y todo lo demás. ¿Qué dijeron tus amigos?

—Nada; nos fuimos en seguida. Ahora cae por allí cada elemento que te amarga la noche. Todos vienen en busca de lo mismo: un par de copas y llevarte al huerto.

—Los hombres suelen pensar en eso siempre.

—Y las mujeres también, no creas. A mí no me parece mal —añadía—, pero por un par de copas no van a pretender que te vayas a la cama con ellos.

Marta entonces solía preguntarse cómo serían los otros, los elegidos que aun sin proponérselo surgían al compás de sus palabras y sus horas.

—Un día tienes que presentarme alguno.

La muchacha se la quedó mirando.

—¿De veras quieres conocerlos?

—No todos. El que prefieras tú.

—Te aseguro que todos son buena gente. Esas historias que cuentan son verdad sólo a medias. Lo malo son esos otros que te digo.

Por un instante el recuerdo del amigo vino hasta el corazón de Marta, pero ya la muchacha lo borraba con un gesto alegre.

—Si tienes tanto interés, un día de éstos invitamos a alguno. Aunque solos los tres, nos va a salir la barba.

—Mejor nos vamos por ahí.

—Entonces vale cualquier sitio.

Oyéndola, Marta trataba de imaginar sus eternas citas por la noche, pero, incapaz de llegar hasta el final, siempre la sorprendía el alba y un rumor de palabras alzándose desde el portal. No llegaba a entender lo que decían, sólo algún nombre, tibios murmullos, risas breves o bostezos solemnes, preludio del rumor de la llave.

—¿Eres tú? —preguntaba oyéndola subir, tratando de averiguar si volvía mustia o alegre.

—¿Quién va a ser a estas horas?

Tenía razón; por nadie esperó tanto tratando de conocer la razón hacia la que apuntaba aquel habitual peregrinaje que más tarde acababa sollozando en su cuarto.

Así el día acordado la encontró dispuesta a acompañarla.

—¿No querías conocer a mis amigos? Vístete y vámonos.

Recordó sin querer sus primeras citas con Mario. Incluso lanzó una ojeada al eterno espejo que la devolvió distinta, transformada, con la cadena del reloj del padre sobre sus pechos largo tiempo olvidados.

—Yo que tú, no me ponía eso —advirtió la muchacha.

—¿Por qué? ¿Resulta antiguo?

—Demasiado a la vista. Pueden darte un tirón y adiós reloj.

Dócilmente, como en las fiestas de niña, se alejó hacia el joyero aún abierto sobre la mesilla.

—¿No tienes algo de bisutería?

—Claro que tengo, pero no me gusta.

—Te advierto que donde vamos nadie se fija en esas cosas.

Y de pronto, junto a la muchacha, se sintió ridícula, desnuda ante un nuevo cristal hostil por el que las dos navegaban. Sus ojos se apagaban, su piel denunciaba torpes remolinos, la carne huía en solitarias hoces.

De buen grado hubiera renunciado a su aventura, mas la muchacha, desde el cuarto vecino, la apremiaba:

—¿Te falta mucho todavía?

—Un poco.

—¿Por qué no vas como estás?

—¿Así? ¿Con estos pantalones?

—¿Qué tienen de particular?

—No sé —dudó—, nunca salgo así a la calle.

De la otra alcoba vino un amago de risa. Y de pronto, como en una traición, la vio ante sí vestida con la ropa que le trajo la madre.

—Hoy vamos al revés.

Y sin dejarla apenas protestar, la llevó escaleras abajo.

El mundo que más allá del zaguán se abría ante las dos no parecía enemigo ni siquiera en los temidos soportales con la eterna amenaza de las sobrinas de Sonsoles o la mirada alerta de la dueña de la farmacia siguiendo la vida atentamente desde el mostrador. Las dos cruzaron con tranquilidad enfilando las calles tras la catedral entre casas cerradas y patios mezquinos convertidos en huertas. Los modestos palacios con sus cerradas galerías de madera, sin un solo cristal, los pasadizos con su leve luz, los campanarios rotos devolvían el eco de sus pasos, nombres que la muchacha murmuraba en aquel laberinto de ruina y despojos.

—Allí, en lo alto, tras la catedral, vivían los curas.

—Los canónigos.

—Qué imbécil soy. A veces se me olvida que tú eres de aquí.

También a Marta se le iba olvidando según el sol se escondía tras las copas altivas de los álamos. Leves manchas de bruma nacían entre los espinos para fundirse a poco en los bosques de helechos que anunciaban los primeros molinos.

—Siempre hace frío en esta orilla —murmuró de improviso la muchacha.

—Es la humedad del río. Hay que venir más abrigada.

Pasó su brazo sobre aquellos hombros apenas entrevistos y, juntas las dos, vieron abrirse de pronto la penumbra ante una plazoleta mal cubierta de arena.

—Ya llegamos.

Más allá de la barrera de espinos, mudas parejas se estrechaban en la oscuridad entre cajones de cerveza y motos. Cada vez que la brisa encendía en sus labios rojos haces de luces, esparcía en torno un aroma especial.

—Dentro se está mejor —indicaba el camino la muchacha.

Más allá de la puerta aquel viejo molino de río se abría en torno de unas cuantas mesas y esteras bajo viejas vigas que se prolongaban hasta oscuros rincones.

Allí se repetían los abrazos de fuera, aquel rozar boca a boca mientras sonaba en torno no la voz intermitente del río, sino una música monótona.

Ya el dueño se abría paso en la penumbra.

—¿Qué tomáis?

—Para mí una ginebra —pidió Marta.

—Que sean dos —pidió a su vez la muchacha.

Mas ni siquiera aquel trago amargo todo hielo y cristal consiguió interesarla, ni aquel amigo que tras reconocerla se acercó vacilante.

—A ver; contadme algo —murmuró.

—Lo que te cuentes tú —respondió la muchacha.

—¿Yo? Poca cosa. ¿Has visto a Antonio?

Marta vio dudar a la amiga.

—Está en Madrid.

—Me han dicho que le afeitaron en el hospital. ¡Vaya putada! —insistía divertido el otro. Luego, viendo su rostro cada vez más hostil, cambio de tono—: ¿Y qué se trae por allí?

—Nada. Se murió un hermano suyo.

—Pues más a mi favor. Ésa es la mejor solución: pasarse un día un poco y acabar del todo.

Los tres callaban. De los rincones surgían ahora el murmullo de otras conversaciones. El otro, sin saber qué añadir, giró la vista en torno hasta descubrir un hombre ya de edad entre un mar de jóvenes.

—Mira ése. Con el cuerpo pidiendo guerra todavía.

—Y como recordando de improviso la presencia de Marta, le ofreció su tosco cigarro—. ¿Hace? ¿O no usas?

Marta lo rechazó, mas la muchacha llenó sus pulmones de aquel aroma cálido que afuera inundaba las orillas del río.

—Dime una cosa. ¿Dónde he visto yo a tu amiga antes?

—Tú sabrás.

De pronto se hizo la luz más allá de su maraña sin peinar y, dirigiéndose a Marta, exclamó:

—Tú eres la viuda del jardín. —Y sin apenas darle tiempo a responder—: Por cierto, menuda plantación se podía montar allí.

—¿Qué plantación?

—¿De qué va a ser? De finas hierbas orientales. Seguro que por allí no asoman los municipales.

—Lo pensaré —murmuró Marta por salir del paso.

—Piénsatelo que el negocio es para forrarse. Sin tener que viajar, ni aduanas de esas donde te miran de los pies a la cabeza. Si te animas, yo corro con los primeros gastos. Tú pones el terreno nada más.

—No está mal. ¿Y qué se gana en eso?

—Según. A veces una pasta. ¿Somos socios entonces?

—Dije que tengo que pensarlo.

—Pues cuanto antes te lo pienses, mejor. No se nos adelante algún listo.

Más allá de las bromas, Marta apenas veía ante sí aquellos brazos apoyados en el respaldo de la silla, ni su propio jardín convertido en huerto ajeno, sino la sombra del amigo de la barba florida a punto de llegar de Madrid en busca de la muchacha. Se preguntó si aquél sería su lugar de citas, o en la orilla, al pie de aquellos álamos cargados de violento amor apenas roto por suspiros vagos.

Ahora en el río una cálida lluvia iba ahuyentando las parejas, rompiendo la corriente en turbios remolinos. Hasta el cerrado interior llegaba un húmedo aliento que hizo murmurar al amigo:

—Me parece que por esta noche la juerga se acabó. —Y tras mirarlas furtivamente, preguntaba—: ¿Cuál de las dos viene conmigo?

—Que yo sepa, ninguna —respondió la muchacha.

—¡Vaya broma! —trató de alzarse—. ¿Por qué seréis todas así?

—¿Por qué te pones tan plomo?

—¿Yo pelmazo? ¡Para un día que me levanto con el cuerpo sano!

—Mejor no lo derroches. Otro día será.

—A lo mejor otro día me encontráis más cansado.

Se empeñó en pagar tratando de seguir tras ellas, mas a poco quedaban atrás su voz y algún que otro traspié sobre el tapiz de arena y hojas.

Ahora, delante de las dos, se abría un camino de penumbras hacia el umbral que separaba sus alcobas. Desde el jardín, sobre las camas sin abrir aún, la brisa del río empujaba sus rumores poblados como siempre de llamadas urgentes, de encuentros furtivos.

Como los gatos acurrucados bajo el agua en sus tibios nidos, así quedaron en la noche, escuchando su leve paso camino del amor o amando en las leves pausas que la lluvia dejaba. Marta podía imaginarlos entornando ceremoniosamente sus doradas pupilas para dormir su sueño de silenciosos mandarines. Ellos, como la muchacha, tenían a su alcance su propio porvenir sin alterar el paso entre los lirios y los jaramagos. Sus fiestas de amor tan sólo de ellos dependían; luego, de día, su vida no era esperar, sino aguardar la hora propicia en que borrado el sol se alzara sobre sus cabezas la blanca mancha de la luna.

XXXII

Vino un tiempo de viajes furtivos, de atardeceres entre resplandores cárdenos más allá de la mancha de los pinos, junto a la casa en ruinas donde una vez estuvo a punto de morir el amigo de la barba florida. La muchacha recordaba bien aquella tarde.

—Serían dos o tres. Puede que más. Llevaban mucho tiempo rondando la casa. Cuando los vi venir me eché a temblar. Luego salió Antonio y se enzarzaron a golpes. No sé qué le dirían, pero venían buscándonos a nosotras. Con ellos no iba nada. Luego ya sabes cómo acabó la cosa. Menos mal que era verano y andaban por el monte cazadores.

Cada vez que contaba aquella historia, suspiraba al final. Un viento húmedo arrastraba olor a tierra sin sembrar, sones de esquilas a lo lejos y espigas secas sólo buenas para bandadas de gorriones. Luego, a la vuelta, la noche primera volvía a repetirse colmando las horas de un lamento constante como en los rincones del jardín los gatos.

El tiempo y el amor amargo parecían huir dejando tras de sí junto a relámpagos sombríos horas en que las dos velaban. Sólo más tarde, a mediodía, la realidad del mundo en torno volvía a alzarse tanto más terca cuanto más olvidada.

Así un día supo Marta que la Diputación había dado el sí tan esperado. En la inauguración hubo vino español, discursos y unas palabras torpemente leídas por la recién nombrada directora.

—¿Qué tal salió? —preguntó a Sonsoles.

—Muy bien. Aunque al principio estabas un poco nerviosa.

En el rumor de los más jóvenes se alzaba la voz del amigo del río que preguntaba a la muchacha:

—¿Y el dinero para esto de dónde ha salido?

—Ni lo sé ni me importa.

—Tu amiga sí que lo sabrá —se quedó mirando en torno las sillas nuevas, la tribuna y los muebles, sentenciando—: O sea, que en esto os gastáis el dinero de los pobres.

—Te he dicho que me olvides. ¿No me oyes?

Marta, viéndole acercarse, buscó amparo a la sombra del marido de Sonsoles. Grupos multicolores se agazapaban junto a garrafas de negro vino mientras en el despacho de la flamante directora vasos de whisky y hielo iban de mano en mano abriendo paso a nuevos brindis. Hasta su puerta abierta llegaba aquella voz que el vino hacía más oscura aún y la de la muchacha tratando de empujarlo hacia el jardín:

—¿Por qué no sales y te ventilas un rato?

—Antes tengo que hablar con tu amiga de nuestro negocio.

Con ellos fuera, el rumor de las conversaciones se volvió sosegado y monótono; uno después de otro, tras apurar su vaso, desfilaron fotógrafos y postreros curiosos hasta dejar la sala vacía del todo.

Sólo entonces salió Marta al jardín. Allí, apoyado en

el pretil de la muralla como ella misma tantas veces, el del río se volvió a preguntar:

—¿Qué? ¿Se acabó la fiesta?

—Por esta tarde sí.

—¿Y qué hay de nuestro negocio? ¿Cuándo empezamos?

—Está en estudio todavía.

—Mucho lo piensas tú.

De nuevo le ofrecía su cigarro en el aire y otra vez Marta lo rechazaba.

—Tú te lo pierdes, corazón. —Lo tiró en una parábola y volvió a preguntar—: ¿Queda vino?

—No empieces a mezclar —murmuró la muchacha.

—¿Por un canuto miserable? Aún queda mucha noche por delante.

Ahora los tres callaban. Desde la carretera subía la voz de los jóvenes, seguramente camino de aquel molino donde su amor se vaciaba. Por encima de la ciudad flotó por un instante el toque altivo de la catedral.

—¿Qué hora és?

—¿No has oído? Las once.

—Esto parece un funeral.

—Yo estoy rota —murmuró Marta.

—Yo me quedo también.

—¡Menudo par de estrechas! Mucho largar de pico para después volverse atrás. —Y como desafiándolas, se alzó sobre el pretil de la muralla caminando sobre él.

—No hagas el memo ahora. ¿No te han dicho que esta noche no?

Ante el gesto intranquilo de la muchacha, Marta sintió que un viento de ira se alzaba en ella sobre cualquier rescoldo de pasada simpatía. Tal vez, como en su infancia, en aquel mismo jardín, tampoco se tratara de rencor o temor, sino de un vago sentimiento que la llevaba a hacerla desear empujarlo camino del oscuro tajo.

A duras penas se alejó de los dos y volvió a su despacho, que ahora le pareció ridículo, mudo retrato de la amiga Sonsoles. Se sirvió un nuevo vaso y según aquel caldo dorado iba entrando en su cuerpo, se sintió más firme, capaz de destruir su reino inútil y la ciudad en torno con sus barrios mezquinos. Sin embargo aquel momento de valor se vino abajo cuando de nuevo apareció la muchacha.

—¿Dónde te metes? —preguntó—. Creí que estabas ya en la cama.

—Tu amigo es un idiota —murmuró a media voz.

—No lo creas. Lo que pasa es que en cuanto toma cuatro copas, el mundo se le viene encima.

También Marta sentía derrumbarse su pasada arrogancia convertida en cansancio que la humillaba aún más.

—Estás rota —murmuró la muchacha. Secó sus ojos con su propio pañuelo y dejó descansar su rostro sobre el mar firme de sus pechos.

Era volver a la infancia perdida, adivinada, envidiada en la alcoba vecina, regresar a los brazos del padre siempre presente en su carne dolorida.

—No te vayas ahora —se abrazó a la muchacha.

—No me voy. ¿No lo ves?

—¿Seguro que te quedas?

—Ven; vámonos a dormir. Mañana te encontrarás mejor.

Se dejaba llevar hasta su lecho abierto, desnudar en el vaivén de su cuerpo vacilante, acariciar por sus manos heladas, desde el sombrío cerco de los ojos hasta el compás acelerado de sus sienes.

Cuando la vio alejarse, llamó quedamente:

—Ven un momento.

La muchacha dudó antes de acercarse. Entonces, tras besar su oído, murmuró:

—Gracias.

—¿Por qué?

—Por todo.

—No seas tonta. No hay de qué. Yo no hago caridades.

Fuera, de nuevo cantaba el agua bajo álamos de bronce; llegaban desde los molinos risas, voces, anunciando el verano en los ciegos remansos, bajo la luz menguada de la luna.

XXXIII

Al día siguiente, cuando Marta se levantó, la muchacha no estaba en la casa. Tampoco en el jardín. Mientras desayunaba a solas, oyó el bullir de Sonsoles y bajó a preguntar, mas su respuesta no aclaró gran cosa:

—No la he visto. Debió de salir antes de que llegara yo.

Y por si alguna duda le quedaba, en su alcoba faltaba la bolsa de ropa que le trajo la madre.

Tras la primera decepción un viento de impaciencia se alzó en el corazón de Marta apenas sofocado por el recuerdo de otras idas y venidas.

A fin de cuentas ésta era una más, sólo cuestión de esperar su vuelta procurando llenar las horas de algún modo antes de que, una vez más, el demonio del tedio hiciera presa en ellas. Pues en tales casos la que más se lamentaba era precisamente Sonsoles desde que vio las obras concluidas.

Por sacarla a flote y a la vez por salvarse a sí misma olvidando siquiera por unos instantes el recuerdo de la muchacha, le propuso tomar las riendas de su obra, ocupar aquel despacho diminuto que a buen seguro ambicionaba desde el día que por vez primera puso en él los pies.

—¿Y yo qué sé de arte? —preguntó en un tono de fingida modestia.

—Lo que sabemos las demás. Tú búscate unos cuantos libros y te pones al tanto antes de un año.

—A los de aquí va a sentarles mal.

—¿A quiénes? ¿A los que saben de verdad? A ésos todo esto les trae sin cuidado. Lo suyo son los congresos y las publicaciones.

Sonsoles, halagada, pidió unos días para pensarlo, pero bien se veía que acabaría por aceptar. Sus mismas sobrinas la animaban:

—Para una vez que se te tiene en cuenta, no vas a echarte atrás. Además, si no es por ti, esa casa se queda como estaba por mucho que presuma Marta.

—No presume; al contrario: es ella quien me lo ofreció.

—Pues más a tu favor. Seguro que la diriges mejor sola que juntas las dos.

Hasta el marido hizo causa común con las sobrinas y así Sonsoles ocupó el despacho destinado a una Marta siempre pendiente de la puerta y su buzón del zaguán.

Una mañana temprano el portero trajo la noticia:

—Abajo preguntan por usted.

Marta se dijo que allí su espera concluía. Se acabó de vestir precipitada y aún antes de salir preguntó:

—¿No hay nadie en el despacho?

—Está la señorita Sonsoles, pero quieren hablar con usted. —Bajó la voz a un tono más confidencial—: No viene a ver la casa. Viene de Italia. Al menos eso dice.

Y su desilusión inicial se borraba de pronto en la penumbra del portal, como en Venecia tiempo atrás, ante una Rosa que la saludaba con su media sonrisa de siempre.

Había venido a Madrid para un congreso de mujeres, saltándose el programa para acercarse a saludarla.

—Te quedarás en casa unos días.

—¡Qué locura! En realidad no tengo libres ni dos horas. Mañana mismo salgo para Londres. Luego a casa otra vez.

Llevaba mucho tiempo ya separada del marido. Cada cual por su lado; él con la amiga secretaria que Marta conoció en el Lido; ella con sus congresos y ponencias, con aquel nuevo afán desconocido antes.

—Es preciso luchar, organizar, no resignarse —explicaba tras la comida, en el jardín, ante una Sonsoles atónita.

—¿Resignarse? —replicaba—. Yo no me siento nada resignada.

Pero Rosa no parecía escucharla.

—Es preciso pedir al mundo lo que nos debe a las mujeres.

—¿Y qué nos debe?

—Pero ¿de dónde sales tú? ¿Tú sabes lo que son los derechos del hombre?

Sonsoles dudaba antes de contestar vagamente:

—Más o menos.

—¿Y los de la mujer?

—Si tienen que llegar, ya llegarán.

—Aquí, de eso que dices —trató de mediar Marta—, no hay nada de nada. Aquí es otro planeta; lo sabes de sobra.

Pero Rosa volvía a la carga:

—También lo fuimos nosotras, pero nada en la vida dura eternamente.

Y al punto venía una serie de nombres de mujeres que en su país, junto a los hombres, luchaban por conseguir una igualdad antes vedada rigurosamente.

Oyéndola, Marta se entretenía comparándola con

aquella otra Rosa de Burano y Venecia. Parecía más desenvuelta, menos frágil, seguramente menos pendiente de la radio. Quizás en ella el tedio, aquel demonio de la tarde, no hubiera hecho mella todavía.

—¿Yo aburrirme? El tedio ese que dices es lo que más te ayuda a rebelarte, a no quedarte encerrada en tu jardín.

—No a todas.

—Quiero decir a ti y a mí.

Sus palabras, su presencia sola valían más como ejemplo que todas aquellas otras mujeres cuyos nombres no se cansaba de repetir como tratando de convencerse de sus propias razones.

—En fin —había concluido poco antes de tomar el tren para Madrid—. Al menos conoces mundo, nuevas gentes, y al final siempre tienes a Venecia esperándote.

Aún el tren se alejaba cuando Sonsoles preguntó:

—¿Tú crees en lo que dice? ¿Todo eso de que es bueno aburrirse?

—No lo sé.

Y sin embargo aquel demonio del que Sonsoles y Rosa hablaban volvió a atormentarla huyendo de ella mientras los días transcurrían cada vez más pendientes de la muchacha, del correo y del teléfono.

Hasta que un día Sonsoles, harta de tanto ir y venir, le preguntó:

—¿Y esa chica? ¿No vuelve?

—¿Cómo voy a saberlo? —le contestó de mala gana.

—No te pongas así. Lo digo porque desde que se fue, se te nota algo rara.

—Tienes razón, perdona.

Hasta que al fin se decidió a llamar. Pasó toda una tarde intentándolo. Sólo a la noche llegó la voz de la madre, viva, casi triunfante:

—Sí; es aquí. ¿Con quién quería hablar? No está. Eres Marta, ¿verdad? Desde que va a casarse apenas para en casa.

Marta apartó de sí su pequeño verdugo de plástico que aún, antes de callar, añadía:

—...con ese chico: Antonio. Me parece que ya le conoces. Ese que estuvo en el hospital. Al principio habrá que echarles una mano, ya te imaginas...

Decidió escribirle, pero una carta de ella se le adelantó. Era tan breve que la leyó atropellada, adivinando sus palabras.

Querida Marta: perdona si no he tenido el valor suficiente para decirte cara a cara lo que ya sabes por mi madre. Ahora ya no importa, teniendo en cuenta lo que pensarás de mí. Tampoco tengo valor de seguir. Las cosas son como son y cada cual las ve del lado que le tocan. De todos modos, si algún día te acuerdas de mí, no me recuerdes demasiado miserable. Soy como soy y nada más. Te besa: Ana.

El mensaje voló hecho pedazos más allá del pretil de la muralla. Marta vio el viento arrastrarlos hasta aquellos paseos solitarios que no volvería a recorrer, sobre los que las hojas de los plátanos se iban volviendo amarillas. En el jardín el rostro del hombre y el de la mujer seguían mirándose con sus bocas manando cada vez más lejanas.

Pensando en la muchacha, se dijo que no volvería a verla más tal como la recordaba, a ratos infantil, altiva a veces, siempre dudando, quizá preparando un final capaz de devolver cada amor a su lugar sin causar demasiado daño. Su pelo rizado como una corona, sus viejos pantalones, aquella falda inútil con que la madre trató de alzar inútiles tentaciones, a la postre habían conseguido su propósito: aquel Antonio de la barba florida, herido por su culpa y también por su causa convertido en marido.

Se apartó del jardín y, una vez en su alcoba, comenzó una breve carta en la que su dolor se alzaba entre líneas torcidas. Toda la noche se le fue intentando recordar, decidirse, haciendo un alto cada vez que la campana de la catedral la hacía tomar conciencia de su propia fatiga.

...yo no soy tu familia, menos que nada, tan sólo una amistad fugaz que con nada se borra y pasa. Sin embargo, a pesar de esa boda, seguiré contigo, junto a ti, por los paseos que tantas veces recorrimos juntas, en ese jardín tan tuyo como mío al que ni Sonsoles volverá a asomarse, ante esa fuente con sus dos eternas caras que murmura nuestro secreto amor en la espesura de laureles...

Marta sobre la carta se detuvo. Sabía que a la postre todo su amor quedaría en solemnes palabras. A fin de cuentas, mejor si la muchacha no volvía. Aprendería a soportar a solas la voz solemne de la torre vecina, los suspiros del río, el celo nocturno de los gatos. A la postre quizá la amiga cargara con la peor parte, puede que un día volvieran para ella esas tardes en que el dolor golpea el corazón hasta agotar las horas.

Tomó su carta y, como la anterior, también la hizo pedazos que, más allá de la muralla, a poco navegaban río abajo.

A la tarde siguiente habló con el hermano y el administrador, mandó a Rosa un telegrama urgente, tuvo una larga charla con Sonsoles y, días después, tras echar la llave al piso alto, volaba hacia Italia.

Cuando el avión despegó, del cielo cerrado caía una lluvia espesa y menuda. Luego, según se alzaba, iba surgiendo el sol, apartando mares de negras nubes. Un cielo despejado y alto lucía en torno como abriendo paso a un destino mejor y diferente.

Índice

NOVELAS GALARDONADAS CON EL
PREMIO EDITORIAL PLANETA